AH,
SE EU FOSSE PRESIDENTE...

SIDNEY REZENDE

AH, SE EU FOSSE PRESIDENTE...

O Brasil ideal na opinião de grandes brasileiros famosos e anônimos

ALTA BOOKS
EDITORA
Rio de Janeiro, 2015

Ah, Se Eu Fosse Presidente — O Brasil Ideal na Opinião de Grandes Brasileiros Famosos e Anônimos
Copyright © 2015 da Starlin Alta Editora e Consultoria Eireli. ISBN: 978-85-7608-859-2

Todos os direitos reservados e protegidos por Lei. Nenhuma parte deste livro, sem autorização prévia por escrito da editora, poderá ser reproduzida ou transmitida.

A editora não se responsabiliza pelo conteúdo do texto, formulado exclusivamente pelo autor.

Erratas e arquivos de apoio: No site da editora relatamos, com a devida correção, qualquer erro encontrado em nossos livros bem como disponibilizamos arquivos de apoio se aplicável ao livro. Acesse o site www.altabooks.com.br e procure pelo título do livro desejado para ter acesso as erratas e/ou arquivos de apoio.

Marcas Registradas: Todos os termos mencionados e reconhecidos como Marca Registrada e/ou Comercial são de responsabilidade de seus proprietários. A Editora informa não estar associada a nenhum produto e/ou fornecedor apresentado no livro.

Impresso no Brasil — 1ª Edição, 2015

Produção Editorial	Produtor responsável	Design Editorial	Captação e Contratação	Vendas Atacado e Varejo
Editora Alta Books	Angel Cabeza	Aurélio Corrêa	de Obras	Daniele Fonseca
Gerência Editorial	Sergio Luiz de Souza		J. A. Rugeri	Viviane Paiva
Anderson Vieira			Marco Pace	comercial@altabooks.com.br
			autoria@altabooks.com.br	**Marketing e Promoção**
				Hannah Carriello
				marketing@altabooks.com.br
				Ouvidoria
				ouvidoria@altabooks.com.br

	Claudia Braga	Mayara Coelho	Milena Souza	
Equipe Editorial	Juliana de Oliveira	Mayara Soares	Rômulo Lentini	
	Letícia Vitoria de Souza	Milena Lepsch	Thiê Alves	

Revisão Gramatical	Diagramação e layout	Capas
Leonardo Guedes	Guilherme Xavier	Aurélio Corrêa
Sabrina Pirrho	(Desenho Editorial)	

Dados Internacionais de Catalogação na Publicação (CIP)

R467a   Rezende, Sidney.
	Ah, seu eu fosse presidente – / Sidney Rezende. – Rio de Janeiro, RJ : Alta Books, 2015.
	176 p. ; 21 cm.

    ISBN 978-85-7608-859-2

    1. Política - Brasil. 2. Depoimentos. 3. Brasil - Reforma política I. Título.

                                                                CDU 32(81)
                                                                CDD 320.981

Índice para catálogo sistemático:
1. Política : Brasil   32(81)
(Bibliotecária responsável: Sabrina Leal Araujo – CRB 10/1507)

ALTA BOOKS EDITORA
Rua Viúva Cláudio, 291 — Bairro Industrial do Jacaré
CEP: 20970-031 — Rio de Janeiro
Tels.: 21 3278-8069/8419 Fax: 21 3277-1253
www.altabooks.com.br — e-mail: altabooks@altabooks.com.br
www.facebook.com/altabooks — www.twitter.com/alta_books

À minha irmã **Vera Rezende**, pelo apoio de sempre, de uma vida. E por mais de uma, se houver.

AGRADECIMENTOS

Este livro só foi possível em virtude da insistência generosa do editor Marco Pace. Há anos ele me incentiva a voltar ao mercado editorial.

Pensei em algo leve, divertido e que servisse para viajantes de percursos curtos. Sabe aquele livro que você compra na livraria do aeroporto e quando pisa no destino coincide com o ponto final? Um livro para ler na praia, no passeio no campo, no ônibus, deitado na rede, na sala de aula enquanto o professor não chega, após sua atividade física ou à beira da piscina. Essa é a ideia. Nada de leitura enfadonha e aborrecida. Um livro "de bem com a vida".

As páginas que você folheou quando adquiriu este exemplar só foram possíveis de serem preenchidas porque um grande número de brasileiros aceitou a provocação do autor. Veja a lista completa dos convidados no final desta edição.

Agradeço ao Leonardo Guedes, pelo trabalho incansável junto aos colaboradores. Desde a formatação da primeira lista de personalidades, passando pelo envio de e-mails em busca de uma declaração, até os últimos telefonemas de convencimento, ele foi um verdadeiro "leão". Sem o Guedes — e a gentil participação dos entrevistados — este livro não existiria. Após a chegada do material, a jornalista Sabrina Pirrho tratou dos ajustes que valorizassem os originais. Sem esquecer que ela também saiu à caça de depoimentos.

E quero aproveitar para deixar meu muito obrigado aos repórteres do portal SRZD.com, sempre solícitos nos momentos em que precisávamos de ajuda.

Pedimos aos consultados que fechassem os olhos e imaginassem o que fariam se eles fossem os novos ocupantes do Palácio do Planalto, o mais alto cargo público do nosso país, que a presidente Dilma Rousseff (PT) acabou de conquistar para um mandato de mais quatro anos em um acirradíssimo pleito com o candidato do PSDB, o senador Aécio Neves. Assim, *Ah, se eu fosse presidente...* é fruto e resultado dessa inspiração. A todos os convidados a participar deste livro, o meu agradecimento especial.

Aproveito para lembrar com carinho dos que não aceitaram participar por uma razão ou outra. Lamento que muitos assessores sequer submeteram nosso convite aos seus "clientes" e por eles decidiram que seus "protegidos" não deveriam participar deste exercício de cidadania. Este tipo de assessor de imprensa deveria se espelhar nos jornalistas de verdade e não se imaginarem celebridades. Não são. O que se espera é que, em uma eventual próxima vez, sejam apenas profissionais.

PREFÁCIO

Uma vez perguntaram a George Washington (1732-1799) como seus criados deveriam se referir a ele. O comandante-em-chefe do Exército Continental durante a Guerra da Independência dos Estados Unidos respondeu com simplicidade: "Mr. President, apenas".

Washington foi o único presidente que não viveu na Casa Branca. Seu governo pagou a conta do palacete que somente existiu como o conhecemos a partir de 1792. O primeiro morador foi John Adams (1735-1826). Portanto, nem a pompa conheceu.

A instabilidade do processo político-partidário brasileiro nos cria embaraços até para decorarmos a ordem cronológica de nossos chefes da Nação. A liturgia do cargo diferencia o modelo. A influência planetária da mídia americana após a Segunda Guerra Mundial é tão forte que nos acostumamos a dar cada vez mais exemplos ocorridos no exterior do que aos que afetam mais diretamente nossas vidas. É hora de mudarmos esta realidade.

O cineasta Glauber Rocha alertava para os riscos pelo que chamava de colonização cultural. Ainda bem que, para este livro, pensamos o Brasil como centro das nossas aflições em busca de solução.

Ao comentar o assassinato de John F. Kennedy, em 1963, um articulista do jornal The New York Times lamentou com uma frase de três palavras: "Ele tinha estilo". Será que o presidente mais charmoso do Brasil terá sido Juscelino Kubitschek de Oliveira

(1902-1976)? Sorridente, sedutor, o nosso JK ainda se dava ao luxo de ser pé-de-valsa... E entrou para a História também por isso.

Os brasileiros não têm o hábito de associar seus presidentes a contextos históricos estáveis. Mesmo o Marechal Deodoro da Fonseca, que iniciou a linhagem, aos olhos das gerações, ainda não tem seu papel histórico muito conhecido até chegar a data cívica da proclamação da República.

E quem há de lembrar que Deodoro se chamava Manuel? E o que sabemos de fato da gestão Floriano Peixoto, o segundo presidente da República? E o que dizer de Prudente de Morais, o terceiro?

Longe de engrossar os que curtem esculhambar os vultos, é que até hoje, e no Carnaval, a monarquia é sempre mais relembrada no imaginário popular dos carnavalescos e foliões do que nossos heróis republicanos.

Para os americanos, Washington é o pai na Nação, Abraham Lincoln (1861-1865), herói da Guerra Civil por manter a união dos estados, e John F. Kennedy, o melhor exemplo de glamour no poder. Não esqueça, caro leitor, que foi JFK quem inaugurou a prática almofadinha do uso da tv como ferramenta de marketing político. Foi ele quem fez, durante a campanha política de 1960, Richard Nixon (1913-1994) transpirar diante dos refletores.

Não desconsidere que Kennedy, Jackie (mais tarde senhora Onassis) e os meninos ricos viraram atração. Estava inaugurado o formato família de presidente pronta para comercial de margarina. A influência deste modelo segue intacta até hoje. O povo acha bonito macho alfa ao lado de primeira-dama de rostinho angelical.

Kennedy teve que conviver com sua voracidade sexual descontrolada e uma tremenda dor na coluna. Getúlio Vargas (1882-1954) tinha amante vedete, Virgínia Lane, que honrou seu amor pelo líder a vida inteira. O ditador líbio Muamar Kadafi (1942-

2011) colecionou esposas e amantes. E, até ser assassinado, tomava estimulante sexual para ter relações íntimas todos os dias.

Alguns historiadores arriscam dizer que presidentes e chefes de Governo ficam mais à vontade nas sombras do que expostos à luz.

Por outro lado, existem crises políticas que desgastam os donos do poder. O presidente Getúlio Vargas foi um dos mais hábeis políticos do mundo — uma raposa — no seu ofício de manter-se no topo. Mas nem ele resistiu às investidas da oposição e aos ataques ferozes de Carlos Lacerda, que fez tudo para ser presidente e não conseguiu. O Palácio do Catete e o Brasil calaram-se quando Getúlio enterrou um tiro no seu próprio coração.

Temos luz, sombra, sangue, suor e lágrimas.

Nesta pesquisa informal que compartilharemos com você nas próximas páginas, muitos dos nossos convidados escolheram educação como prioridade nacional. Mas tudo o que gira em torno do poder também está presente aqui.

INTRODUÇÃO

Ah, se eu fosse presidente... é uma reunião de depoimentos de anônimos e personalidades que imaginaram por um momento o que fariam se tivessem o poder da caneta nas suas mãos. Sejamos generosos com estes colaboradores que são a espinha dorsal deste livro.

Somos propensos a acreditar que o poder central funciona como um Olimpo onde tudo é possível. Além do poder da caneta, já citada, manto, coroa e puxa-sacos de todas as grandezas. Pode ser que parte seja verdade. Mas não no nosso caso aqui.

Aos que aceitaram nossa provocação, pelo menos, oferecemos o conforto de não termos incentivado nenhuma alteração física significativa. Os cabelos dos nossos "presidentes" não ganharam aquela coloração grisalha dos presidentes verdadeiros quando voltam para a casa após a missão.

E, você, o que faria se fosse presidente?

Tem gente que, se pudesse, bateria no peito e gritaria para o mundo: "Eu não quero ser presidente!"

❚❚ Nem como ficção gostaria de especular o que o tema sugere. Temo pelo resultado, sob todos os aspectos. Tomei tal aversão à política e ao Estado brasileiro que as divagações que me ocorrem relacionadas a ambos são inaproveitáveis, mesmo como meras propostas de debate. ❚❚

RICARDO BOECHAT
Jornalista

❚❚ Eu não gostaria de ser presidente. Ninguém vai conseguir fazer reforma política com esta classe que se apoderou das instituições tão cedo. Nossa política está privatizada e nossos políticos são reféns de seus doadores de campanha: prometem e não fazem, mas legislam com seus 'patrões'. Como sair dessa? ❚❚

FAGNER
Cantor e Compositor

// Nunca passou pela minha cabeça ser presidente, mas já que a pergunta é essa, lá vai: do jeito que as coisas estão, renunciava. //

ROSA MAGALHÃES
Carnavalesca

▌▌ Não seria. Porque é um absurdo tão grande que jamais aconteceria. Mas, como neste país os absurdos se sucedem e se amontoam uns atrás dos outros, vamos dizer: seria "Ai, se eu fosse presidente...". Antes de mais nada, assim que acordasse do pesadelo, ainda sofrendo os "ais" da imposição, mandaria para o Congresso um projeto tornando o voto facultativo e revogando essa injusta lei eleitoral que aí está. E não governaria "em nome do povo", mas com o POVO. De verdade, e não através de grupelhos, ou ONGs, ou seja lá qualquer nome que se queira dar àqueles que se diriam representantes do POVO, mas que, na verdade, só estariam ali para avalizar as decisões do governo. Seria com o povo mesmo, através de plebiscitos. Por que não fazem isso? Uma porção de plebiscitos, consultas, como acontece nos países mais civilizados. O povo adora votar. Decidir seu próprio destino. **▌▌**

TARCÍSIO MEIRA

Ator

❚❚ Me desculpem, mas eu não seria. O presidente de um país complexo como o Brasil tem de ser dono de uma desfaçatez irresponsável que eu prefiro não ter. Primeiro, teria de ser de fato condutor de um movimento que vá muito além de uma vaidade pessoal e de um capricho narcisista.

Exercer o verdadeiro sentido da palavra líder. Definir com clareza as opções políticas, com sensibilidade democrática, mas sem se deixar enredar na teia de favores e barganhas do jogo parlamentar.

Se eu fosse presidente, gostaria de dispor de um comando de bravos de fato empenhados com o país e com o bem-estar do povo. O resto vem daí: educação, saúde, transporte, infraestrutura, segurança, tudo se resolve, ou, pelo menos, avança. E, por via das dúvidas, jamais botaria um banqueiro no Ministério da Fazenda. ❚❚

NIRLANDO BEIRÃO
Jornalista

A PRESIDÊNCIA E SEUS MISTÉRIOS

Leonel Brizola e Ulysses Guimarães queriam muito ser presidentes e morreram sem alcançar seus objetivos. O advogado e político Tancredo Neves (1910-1985) conquistou muitas glórias na sua longa trajetória política. Até primeiro-ministro, ele foi nomeado. Isto aconteceu quando o regime parlamentarista foi instaurado logo após a renúncia do presidente Jânio Quadros (1917-1992), aquele mesmo que proibiu biquínis e briga de galo. Foi um período curto, é verdade, de 1961 a 1962. Tancredo também não assumiu a presidência. Foi escolhido pelo Colégio Eleitoral, mas uma doença inviabilizou sua posse ao morrer antes da data.

O ex-senador e governador de Minas entrou para a História muitas vezes. Se não fossem erros médicos, talvez ele tivesse sido o primeiro presidente civil após a ditadura militar que se instalou no Brasil em 1964 e, por 21 anos, infernizou a vida dos brasileiros. Com Tancredo fora, o destino caiu no colo do ex--senador José Sarney (1930-). E, ao término do mandato, o povo, em voto direto, elegeu Fernando Collor (1949-), que pouco tempo antes era considerado um obscuro governador de

Alagoas. O impeachment rondou o Palácio do Planalto. Collor renunciou para não ser deposto.

O desejo de Tancredo de decidir os destinos do país pela via indireta serviu de bússola anos mais tarde para seu neto Aécio postular o posto nunca exercido pelo avô.

Superada a tragédia, a jovem democracia brasileira produziria três feitos extraordinários. O primeiro, a estabilização da moeda gestada no governo tampão de Itamar Franco (1930-2011) e conduzida, na sequência, pelo presidente Fernando Henrique Cardoso (1931-). O Real foi o mais incrível choque na eterna luta pelo controle da inflação.

Outro feito foi a ousadia do eleitor ao conduzir ao poder o líder operário Luiz Inácio Lula da Silva (1945-), do Partido dos Trabalhadores. O político Lula foi derrotado três vezes, insistiu para chegar lá, e chegou. O ex-sindicalista e ex-metalúrgico nasceu no sertão e elegeu-se duas vezes para o mais importante cargo institucional do país. Ele realizou uma das administrações mais marcantes da História do Brasil. Até hoje com consequências efetivas na vida dos brasileiros.

E o fenômeno a quebrar paradigmas foi a eleição e a reeleição da primeira mulher ao mais importante cargo da hierarquia política. Foi o que aconteceu com Dilma Rousseff (1947-).

Não se pode atribuir ao povo brasileiro falta de inventiva. Ao contrário, nosso cidadão está em busca de um governante à altura do tamanho do país. Toda tentativa democrática é válida. Democracia combina com experimento?

2

Muitos brasileiros argumentam que o país precisa de mais técnicos no comando. Gente preparada, pessoas com melhor qualificação, governantes com mais estudo. Será que se a elite dirigente tivesse melhor escolaridade, o nosso futuro seria melhor? Mas, e as prioridades? Qual é a nossa agenda? Presidentes também precisam dar atenção à ciência, e isto é um fato. Cientistas esperam das autoridades que elas olhem para o espaço, para enxergar estrelas, sem esquecer as necessidades do povo.

Estimular a imaginação já é o primeiro passo para alcançar a inspiração.

O que investimos em pesquisa e desenvolvimento no Brasil ainda está longe dos países do primeiro pelotão. Por aqui, injetamos, em 2012, US$ 35,6 bilhões, enquanto nos Estados Unidos passaram de US$ 450 bilhões e, na China, US$ 293,5 bilhões.

O investimento brasileiro, no entanto, é mais alto do que, por exemplo, na Itália (US$ 26,3 bilhões), no Canadá (US$ 24,8 bilhões) e na Argentina (US$ 5,4 bilhões). O que está havendo, então? Não deveríamos estar mais adiante?

❚❚ Ah, se eu fosse presidente...

Teria como prioridade transformar o Brasil a partir da educação e da ciência.

O desafio é grande e depende de uma política de longo prazo.

Significa priorizar investimentos para o setor.

Significa desburocratizar o processo criativo, de intercâmbio intelectual e de aquisição de reagentes e equipamentos para pesquisa.

Significa internacionalizar a ciência brasileira, o que, na verdade, é internalizar a ciência internacional.

Significa valorizar universidades empreendedoras.

Significa garantir que os avanços científicos e tecnológicos alcancem a população.

Significa ouvir os cientistas.

Ah, se eu fosse presidente... ❚❚

STEVENS REHEN
Cientista

❚❚ Ah, se eu fosse presidente... Na área da ciência, organizaria uma força tarefa para resolver a burocracia que inferniza a vida dos nossos pesquisadores e os impede de ser competitivos.

Colocaria o que falta, não dinheiro, mas vontade política nesta agenda, de forma que a ciência brasileira tivesse a agilidade fundamental para ser inovadora sem ter que esperar meses por reagentes. Assim, sem aumentar o orçamento do MCTI (Ministério da Ciência, Tecnologia e Inovação), eu entraria para a história como a presidente que transformou a ciência no Brasil! ❚❚

LYGIA DA VEIGA PEREIRA
Professora e Pesquisadora Científica

❚❚ No dia 12 de abril de 1961, o russo Yuri Gagarin surpreendeu o mundo ao inaugurar a era dos voos espaciais tripulados. O ineditismo foi tão grande que até mesmo os físicos e cientistas hesitaram em aceitar a veracidade do fato. Azar o deles que, nos anos seguintes, passaram a ter mais concorrência na profissão. Depois da viagem de Gagarin, o interesse das pessoas comuns pela tecnologia passou a aumentar de forma exponencial. Uma verdadeira guerra em busca de inovação passou a ser traçada por uma indústria até então inexistente. Os microprocessadores tornaram tudo mais leve, rápido e acessível. A internet conectou as culturas e encurtou as distâncias. Hoje, há mais computadores do que pessoas no mundo.

Mesmo com tantos avanços, mudanças e inovações influenciadas justamente pelo fascínio criado pelo dia em que o homem ultrapassou seus limites, desbravou o desconhecido e viu o planeta do lado de fora, até hoje, apenas um pouco mais de 600 pessoas saíram da órbita da Terra. Assim como a viagem de Gagarin, a Missão Centenário, a primeira e única missão espacial brasileira, na qual tive a honra de participar em 2006, também deixou um legado enorme ao Brasil. Aqui não há espaço para descrever todos os detalhes, mas, por exemplo, em ciência e tecnologia, em conhecimento de programas internacionais, em metodologia de projeto e em educação. O número de inscritos para a Olimpíada Brasileira de Astronomia, por exemplo, aumentou em quase 10 vezes desde então.

Infelizmente, mesmo com tantos benefícios, hoje no Brasil, não há uma nova projeção de desenvolvimento de uma nova viagem espacial.

Muita gente me pergunta: mas por que gastar tanto dinheiro com a exploração espacial? Vale realmente a pena? O telescópio espacial Hubble, por exemplo, projetado e construído na década de 1970, e lançado à órbita pela NASA em 1990, custou aproximadamente 2,5 bilhões de dólares aos cofres americanos. Você acha bastante dinheiro? Bom, eu também acho. Mas você sabia que, por causa dele, há mais de 24 anos conseguimos investigar aspectos sobre a origem e características do universo antes inimagináveis? Ele ajudou a determinar que o universo possui 13,7 bilhões de anos, detectou que ele está sofrendo uma expansão acelerada, indicou a presença de buracos negros na maioria das galáxias, inclusive na nossa, e revelou aos astrônomos do mundo todo incontáveis novos planetas e estrelas.

Agora pense em quantos benefícios ele trouxe à humanidade e reflita: somente a reforma do Estádio Mané Garrincha, em Brasília, custou 1,8 bilhão de reais do nosso bolso. Se juntarmos essas cifras com as gastas com as reformas do Maracanã e do Mineirão, pagamos todo o investimento realizado pelos americanos ao longo de 20 anos de estudo para enviar o Hubble para o espaço.

Com tudo o que foi gasto com a Copa do Mundo, poderíamos repetir 400 vezes a Missão Centenário. Agora, eu refaço a pergunta: por que gastam tanto dinheiro com estádios de futebol?

Não quero entrar naquela velha discussão política se o dinheiro gasto na Copa do Mundo foi bem investido ou não. É evidente que o maior evento do mundo trouxe muitos benefícios para nosso país. Eu apenas acredito que nossa ciência merece palcos maiores, dignos de uma Copa do Mundo. Gostaria de viver em um país onde as crianças sonhassem primeiramente em se tornarem, não jogadores de futebol, mas cientistas. Todo o meu respeito a Neymar, Oscar e Júlio César, mas os cientistas são os verdadeiros heróis que a juventude precisa se espelhar.

Exemplos como o do neurocientista Miguel Nicolelis, que desenvolveu o exoesqueleto que se movimenta através de estímulos neuronais, ou da médica Thaís Russomano, que inventou o inédito sistema de coleta de sangue no espaço através do lóbulo da orelha, deveriam ser reverberados de forma mais proeminente. Eles têm a capacidade de alavancar nosso país através de uma economia mais sustentável e duradoura.

Você sabe o que países desenvolvidos como Finlândia, Coreia do Sul e Japão têm em comum? É a prioridade absoluta que dão à educação. São bons exemplos de uma transformação no cenário econômico ao longo das últimas décadas provocada por uma mudança cultural.

Se eu fosse líder da nação, gostaria de colocar em prática processos contínuos (que não durem apenas um ou dois mandatos) focados em selecionar com mais rigor os professores, reformar leis educacionais e ampliar o tempo de permanência na sala de aula. No Brasil, infelizmente, o velho cabo de guerra traçado entre os interesses econômicos e políticos acaba sempre inviabilizando que propostas saiam do discurso político que circulam nos gabinetes de governo.

MARCOS PONTES
Astronauta

❚❚ Acesso ao conhecimento é a prioridade.

Há no Brasil a mentalidade de que não fazer nada é que é bom. Imagino que seja resultado da prática dos portugueses de usar escravos africanos para os trabalhos pesados.

Na verdade, o bom é fazer, trabalhar, realizar, e ter acesso à informação que nos leve a escolher o que gostaríamos de fazer e, assim, contribuir para a sociedade e, principalmente, nos realizar. Por essa razão, considero essencial a formação intelectual das pessoas, e o cultivo de que o trabalho é o que constrói a pessoa e o país.

Como todos, concordamos que a educação tem que ser atividade prioritária. Além dela, há que democratizar a cultura e o acesso a toda sorte de conhecimento. Em particular, eu fortaleceria o acesso a ciências exatas, que é a área que vem evoluindo a passos mais largos, e formação de pessoal em tecnologias. Essa é a área em que os jovens têm facilidade nos dias de hoje, e a que leva um país da atualidade a sua independência em alto nível tecnológico, aplicado em todas as áreas da vida cotidiana.

Creio que o caminho é:

a) atenção total a uma educação mais bem feita, e seu acompanhamento;

b) cultivar a ideia de que conhecer e fazer é o que leva à construção pessoal e do país;

c) fortalecer facilidades como programação de TV e internet mais voltados à educação em ciências.

Tudo isso já é feito, porém é necessária uma intensidade muito maior, e mais atenção ao corrigir o que não esteja funcionando. ❚❚

BEATRIZ BARBUY
Astrofísica

3

Educação, nossa prioridade número 1. É fato que, se quisermos ser uma nação realmente desenvolvida, será indispensável o incentivo a uma educação de qualidade. Cada pessoa tem uma receita para enfrentar a crise.

Dados do Instituto Brasileiro de Geografia e Estatística (IBGE) comprovam que houve um crescimento da taxa de escolarização entre crianças e adolescentes entre 6 e 14 anos, com declínio das taxas de analfabetismo no período de 2007 a 2011. Este é um passo gigantesco. Mas precisamos de um esforço coletivo. Será que só o empenho político de um presidente nos bastará?

A estudante Isadora Faber, aquela menina que foi perseguida porque denunciou na sua página na internet as precariedades da escola pública, nos mostrou que cobrar das autoridades maior eficácia é o bom caminho. Ela foi firme nas denúncias, e manteve viva o que chamamos de alma da nação.

> *Quando me pediram para pensar no que eu faria se eu fosse presidente, comecei a imaginar várias coisas nas quais com certeza eu mudaria, e logo me dei conta de que estava pensando como os políticos que vejo na televisão que prometem melhorar a saúde, educação, saneamento, entre outras coisas. Confesso que me assustei um pouco, pois não quero nunca parecer como eles (falar, prometer e não cumprir).
>
> Então, pensei mais um pouco e percebi que, além de melhorar esses problemas básicos, eu seria diferente. Antes de tudo, faria um governo honesto, transparente e abandonaria logo a política do pão e circo que ainda é muito usada. Tenho hoje 15 anos, não sou mestre em política ou educação, sou apenas uma estudante, mas eu sei a realidade do serviço público e realmente tenho vontade de mudar. Nossa saúde e nossa educação pedem socorro e, mesmo assim, não são ouvidas.
>
> Precisamos mudar isso, nós não somos um país pobre, temos tudo para melhorar, basta o principal, a qualidade.*

ISADORA FABER
Estudante

❚❚ Começaria imediatamente a trabalhar em um plano efetivo de educação; do nível mais básico (família), até o superior. A partir disso, pode-se pensar em resolver saúde, segurança e alimentação. ❚❚

ARACY BALABANIAN
Atriz

❚❚ Educação 24 horas. Se eu fosse presidente, não apenas as escolas seriam em tempo integral, as cidades seriam extensão da escola, onde as crianças e adolescentes pudessem aprender nos parques, museus, teatros, cinemas, clubes, bibliotecas e até nas empresas.

Não haveria separação entre viver e aprender. ❚❚

GILBERTO DIMENSTEIN
Jornalista

❚❚ Como convivo muito com alunos e professores, não consigo imaginar outra coisa que faria se eu fosse presidente: investiria muito, mas muito mais mesmo, em educação. Os professores precisam ganhar um salário digno e as escolas têm que ser bem equipadas para que as próximas gerações estejam mais preparadas e tenham mais oportunidades nesse mundo cada vez mais competitivo em que vivemos. Resgatar o orgulho dos nossos professores seria a minha prioridade número um. ❚❚

THALITA REBOUÇAS
Escritora

❚❚ Evidentemente que se eu estivesse em uma posição de poder para fazer bem às pessoas, eu ia usar esse poder. Então, antes de mais nada, como mulher, eu ia olhar para as causas femininas. Vou falar uma frase que já está ficando até batida, mas realmente acho que para um país crescer sem cultura, sem educação, é impossível. Então, essa seria a minha prioridade. Valorizar os professores que não são valorizados. Valorizar essa profissão que é tão linda em primeiro lugar. E, claro, essa coisa de Bolsa Família, tudo isso poderia existir se eu estivesse na presidência. Mas, paralelo a isso, eu colocaria limites. Não seria Bolsa Família indiscriminadamente, a torto e a direito, quanto mais filho, mais Bolsa Família. Não seria assim. Faria o controle disso porque é cruel o que se faz. As mulheres começam a parir só para pegar R$ 150 no fim do mês, crianças ficam soltas, abandonadas, à mercê do crime organizado. Com sete anos já está segurando uma arma, com arma em punho, sem ter noção do que seja aquilo. Então, é cruel isto. Sem educação, realmente, qualquer coisa que se faça é cruel. Seria mesmo a educação, valorização dos professores. Esse seria o meu foco. Educação, educação. Não há possibilidade de um país avançar, de um país ficar civilizado, de um país crescer, sem educação. ❚❚

ARLETE SALLES
Atriz

❚❚ Ah, se eu fosse presidente...

Inspirado por exemplos que mudaram o mundo pra melhor, faria como na Coreia do Sul: investiria tudo na educação! Investimento mesmo, com tudo a fundo perdido, ou melhor, investimento para colher frutos no dia a dia do país, até porque o que é vital para o país não precisa dar lucro financeiro. Pelo menos no primeiro momento, porque, no longo prazo, um país com professores valorizados, ensino de qualidade, formação de mão de obra especializada, universidades prestigiadas, cientistas e mestres da vida acadêmica priorizados só podem resultar num país melhor com progresso e qualidade de vida. Atraindo vida inteligente para o país, apostando no conhecimento, partiríamos para uma mentalidade de crescimento sustentável e política de resultados.

Ah, se eu fosse presidente... Lançaria o programa de superação "Gol da Alemanha!!". Consistiria no seguinte: baseado na frustração e decepção da cada gol sofrido pelo Brasil no jogo com os campeões da Copa 2014 (que acabou 7 a 1), a partir de uma lista de pontos a serem superados a cada falha, erro, desperdício, desvio de conduta... Buscaríamos na tristeza daquela decepção do futebol, forças, planejamento, vergonha na cara para estabelecermos uma nova forma de gerir a coisa pública no Brasil.

A cada escândalo de corrupção (Gol da Alemanha!), a cada desperdício de nossas riquezas, como falta de estrutura para guardar nossas safras de alimentos, morosidade pela burocracia exportar nossos produtos perdendo mercado no mundo (Gol da Alemanha!). A cada perda na economia, por falta de planejamento e incentivo à indústria, ou por total desrespeito ao comércio e aos empreendedores... (Gol da Alemanha!)

Valorizar a inteligência, a ética, a ciência, a técnica. Superar a burocracia, o desperdício, a ineficiência, o interesse próprio em detrimento do público.... Enfim: pensar no país, pra variar.

(Gol do Brasil!!!) ▐▐

CLÓVIS MONTEIRO
Radialista e Comunicador

❚❚ Se eu fosse presidente do Brasil, a primeira ação que tomaria para que as coisas começassem a mudar imediatamente no nosso país seria investir maciçamente em educação. É preciso investir na qualidade do ensino, na qualificação dos professores, oferecer tecnologias que auxiliem nos estudos, melhorar as bibliotecas e realizar muitas outras ações que fortaleçam o sistema educacional brasileiro. Temos que investir tudo o que pudermos em educação.

Além disso, precisamos combater a corrupção em tempo integral para acabarmos com a impunidade. Para isso, é necessário promover determinadas reformas que são muito importantes para o nosso país. As reformas tributária e do judiciário são fundamentais, mas a mais importante de todas é a reforma política. Só deixaremos de ser o país do futuro e nos tornaremos o país do presente quando acabarmos com a impunidade.

Para mim, o Brasil ideal é um país com educação, saúde, segurança, mobilidade urbana e sem essa sensação de impunidade na qual vivemos. Estamos caminhando para isso, mas não na velocidade que a gente gostaria. ❚❚

CARLOS AUGUSTO MONTENEGRO
Presidente do Ibope

❝ País forte e soberano tem educação com professores qualificados e alunos na sala de aula. Uma saúde digna com médicos bem remunerados e hospitais equipados. Um país de respeito oferece segurança para o ir e vir do cidadão com policiais nas ruas, alimento para os necessitados e moradia para quem mais precisa. O Brasil que o povo quer é o país que deve ser. ❞

CYRO NEVES
Narrador esportivo

❚❚ No primeiro dia da minha presidência, eu declararia uma "Guerra Plena Contra a Ignorância e a Incompetência", suspendendo todas as 70.000 leis em vigor que tratam da educação, aboliria todos os atuais grupos ineficazes de interesses especiais, como faculdades de educação, sindicatos de professores e dirigentes, ministérios e secretarias estaduais e municipais da Educação, além de fundações da sociedade civil, geralmente incapazes de demonstrar resultados práticos e sérios do seu trabalho.

Da mesma forma que os americanos (em pânico sobre questões de superioridade), ao descobrirem que os russos lançaram um satélite artificial, convocaram um grupo de educadores, cientistas e empresários de visão para planejar uma reforma geral da Educação, eu, reconhecendo a necessidade de algo similar no Brasil, e vendo o estado agonizante de toda a sua educação, formaria um pequeno grupo parecido para, o quanto antes, planejar uma megarrevolução na aprendizagem nacional, integrando todos os setores que envolvam aprendizagem formal, não formal e informal, tanto do setor público quanto do privado. Dessa forma, seu plano, inovador, abrangente, inclusivo, democrático e moderno, seria implantado com rigor para o bem do país e dos seus cidadãos. ❚❚

FREDRIC M. LITTO

Professor Emérito da Universidade de São Paulo – USP e Presidente da Associação Brasileira de Educação a Distância – ABED

▌▌ 'Dez anos em um'

Se presidente fosse, começaria trabalhando para resolver o sério problema da qualidade na educação. Deixaria tudo o mais para um ou dois anos depois de iniciado o mandato. Porque é grave a crise e já se reflete na sociedade. Há três fatores, pelo menos, que vêm contribuindo para isso:

1) A adoção de medidas que visam tão somente obter resultados estatística e politicamente favoráveis, como a Progressão Continuada, para citar uma apenas;

2) A falta de testes prévios, que comprovem se determinada proposta é passível de implantação em nível nacional, considerando as condições reais das salas de aula brasileiras;

3) A falta de acompanhamento preciso nos resultados, para dar fundamento a decisões sobre continuidade e validade das medidas adotadas.

Combateria os três desde o início. Em termos práticos, significa desvincular educação de política partidária. No meu governo, não haveria cargo algum por "indicação" — apenas meritocracia. Significa também que qualquer proposta que acarretasse mudança importante ou interferisse na forma de trabalhar, no currículo ou na composição de equipes só seria implantada depois de se ouvir cuidadosamente os docentes. Não um, nem dez, mas um grupo representativo, de cidades e regiões diversas. Medida simples, mas que propicia certa segurança de que se está fazendo uma reforma ao menos exequível.

Ninguém melhor do que quem está em sala de aula para enumerar o que cada mudança traz em termos de possibilidades, dificuldades e carências. Solucionados os problemas levantados, só então se implantaria a mudança. Já se errou demais no passado implementando projetos que não consideraram as suas reais possibilidades de consecução. Pior ainda: não mediram as consequências que trariam para o ensino. Daí porque temos hoje analfabetos funcionais e tantos jovens que mal compreendem textos um pouco mais complexos.

Medidas equivocadas, repetidas e sucessivas trouxeram consigo perda de talentos, esforços, esperanças, e, claro, de verbas. Cada nova reforma não concluída contribuiu para minar a segurança e a adesão de docentes e alunos. E, sem adesão, qualquer projeto resulta em fracasso. Além disso, só permitiria o uso de verba para inovações tecnológicas em escala nacional após concluir — com absoluta integridade — reformas de infraestrutura básica, de que carecem muitas unidades em centenas de municípios no Brasil. Significa dizer que todas as unidades escolares das redes de ensino públicas entrariam no séc. XXI sim, mas somente quando estivessem em dia com as metas do séc. XIX, que ainda permanecem por concluir em muitas unidades.

Computador, sim, mas só depois de banheiros decentes, água corrente, quadro de giz, carteiras e mesas com tampo, tetos que não deixam chover e paredes que não dão choque quando molhadas. Tablet para todos? Sim. Mas depois de Merenda Nota Dez. E de bibliotecas de, ao menos, mil livros em todas as escolas. E ainda antes do computador: *retreinamento* profundo de equipes em todos os níveis e unidades de ensino. Pararia o Brasil por um ano, só recuperando perdas anteriores...

Ah, se eu fosse presidente! Ganharíamos dez anos em um.

Deixaria as redes públicas preparadas para que as novas gerações nunca mais perdessem anos lutando, às vezes sem sucesso, para aprender a ler, escrever e contar, mas de verdade. E a votar com consciência.

E, finalmente, apostaria na criação de um plano de carreira sedutor, com progressão somente por mérito. Faria cumprir as Leis de Diretrizes e Bases, que exige formação em nível superior, aumentaria muito a base salarial, mas também e na mesma proporção, as exigências. Professor, na minha gestão, ganharia no mínimo como médico, mas muito mais, provavelmente, do que vereador ou deputado ganham. E, assim, atrairia para a docência os mais capacitados, acabando com o desprestígio da profissão e com a consequente crise da mão de obra e da qualidade no ensino. ❚❚

TANIA ZAGURY
Escritora e Pesquisadora em educação

❚❚ O maior direito do cidadão é o direito do acesso ao saber. Negar esse direito é negar a oportunidade a tudo que vem a partir do conhecimento. Se eu fosse presidente da República, a primeira medida seria a reforma do ensino com reciclagem de conteúdo, reajuste salarial e melhores condições de trabalho para os professores. A profissão teria que ser reavaliada. O mestre em sala de aula é como um integrante da família que aponta caminhos e ilumina as ideias. O professor que não dita, e sim, desperta. Cada criança na escola em tempo integral e os pais participando da rotina escolar. A instituição de ensino como uma extensão da casa. A educação vai além do acúmulo de conhecimento. A educação nos faz livres. As bases criadas por Anysio Teixeira, Paulo Freire e Darcy Ribeiro seriam os nossos princípios agregados à tecnologia. Nossa formação lusoafroindígena numa adaptação ao mundo em constante transformação. Somos brasileiros cidadãos do mundo. Não podemos negar o direito a fazer parte de algo maior. Isso não é o resumo da felicidade, mas a oportunidade de acesso a ela. Educação é liberdade e deveria ser o princípio de qualquer governo que pretenda fazer História. ❚❚

ANA RODRIGUES
Diretora de Jornalismo da Rádio Tupi

❚❚ Se eu fosse presidente, meu governo seria focado em dois pontos que para mim são o princípio da mudança que tanto almejamos: educação e reforma política.

A educação formal aconteceria juntamente com a formação de princípios, pois acredito que este modelo de educação é capaz de transformar qualquer realidade, inclusive a da violência contra a mulher, por exemplo: quando o Brasil foi responsabilizado internacionalmente pela OEA (Organização dos Estados Americanos), em 2001, pela omissão com que tratava os casos de violência doméstica, foram feitas nove recomendações ao Estado brasileiro e uma delas era que fosse adotado nos currículos escolares a importância da mulher, aos seus direitos e aos manejos dos conflitos infrafamiliares. Isso ainda não aconteceu... Somente através da educação podemos colher os frutos, no longo prazo, das mudanças que estão precisando acontecer no país.

Em relação à reforma política, essa deveria acontecer para atrair pessoas que realmente tivessem o sentimento de serviço público, de missão. Poderíamos começar igualando o salário dos vereadores ao dos professores. O que a população acharia disso? ❚❚

MARIA DA PENHA
Fundadora do Instituto Maria da Penha

Ah, se eu fosse presidente...

4

Depois da escolha da educação como principal preocupação dos entrevistados, as reformas no Estado foram consideradas urgentes.

❚❚ Transformaria o país na maior escola infanto-juvenil, de tempo integral, do mundo. Faria uma reforma política para transferir parte do ganho dos políticos para os professores e médicos. Uma reforma jurídica também. Imensa reforma no sistema penitenciário. SUS de 1º mundo. Criaria um conselho de notáveis, todos éticos e cultos, para, semestralmente, discutir os rumos da nação. Priorizaria educação, saúde, cultura, esporte, sustentabilidade ambiental e inclusão social, e aparelhando nossa polícia federal, teria chance de botar muita gente graúda na cadeia e tornar meu povo mais seguro, consciente e feliz. Meu lema seria: 'Endurecer sem perder a ética, a transparência e a ternura jamais'. Obs: Me matariam na semana seguinte... rsrsrs. **❚❚**

IVAN LINS
Cantor e Compositor

❚❚ A Presidência da República é o ápice da trajetória de qualquer cidadão, seja ele um político de carreira, seja um gestor público alçado ao cargo por circunstâncias, como em 2010. Depois do Planalto, qualquer atividade é planície, coisa muito menor. Quando não é somente uma aposentadoria dourada, regada a viagens internacionais para eventos pomposos e desimportantes, ou para palestras não menos — ambos regiamente pagos.

Estando no topo, eu jamais perderia a oportunidade de tentar implementar aquelas ideias e planos que amadureci ao longo da vida. Não governaria a ferro e fogo, impondo as coisas goela abaixo, até porque esse método não leva a nada, a não ser à erosão do prestígio. Eu negociaria com todo mundo, como é dever do ofício, e teria toda a flexibilidade necessária para ceder, quando possível. Mas não trocaria a chance de tentar materializar os meus sonhos pela conveniência de fazer apenas o possível, mais um governo meia boca, desses que frustram muito mais do que entregam.

Nada avançará na governança do Brasil, no rumo em que acredito — o do desenvolvimento contínuo com inclusão social, equilíbrio ambiental, Estado forte, capital sob controle e democracia radical — sem grandes reformas. As tais mudanças estruturais que tanto se discute, mas que não saem da estaca zero: reforma política, tributária, previdenciária e trabalhista, entre outras. Como a reforma da mídia, esse tabu ridículo que só um país atrasado é capaz de entender como censura, quando EUA, Inglaterra, França, os países centrais reformaram e reformam a sua mídia, sem dar ouvidos à chiadeira e à chantagem de nenhum oligopólio de patrões.

Ocorre que as mudanças acima, para serem feitas por via democrática, exigem um Congresso independente e altivo, obediente apenas à vontade dos cidadãos. O exato contrário do que temos. Essa casta autista dos parlamentares brasileiros, voltados exclusivamente ao próprio umbigo e bolso, não faz e não fará reforma alguma que tenha qualquer sentido real.

Real para nós, evidentemente, porque toda hora eles mexem aqui e ali na legislação e mesmo na Constituição, para acochambrar interesses e assegurar o lado deles. O nosso só de vez em quando é atendido. Em geral, quando os digníssimos se descuidam. São raras e notórias as exceções a tanta regra. Portanto, nunca romperemos o impasse da política brasileira se não tivermos uma revisão constitucional séria, a ser feita por Assembleia Constituinte convocada exclusivamente para esse fim. Nunca, jamais, em tempo algum poderá ser um Congresso Constituinte, como o de 1986, 1988, que nos legou uma carta repleta de boas intenções — e dezenas de artigos que ainda não foram regulamentados, 25 anos depois.

Os responsáveis pelo quadro político atual simplesmente não podem ser os seus reformadores. Não têm isenção para isso, nem qualquer intenção de atirar no próprio pé.

É aí que a coisa complica. Como lograr a Constituinte exclusiva? Como aprovar no Congresso atual as regras de um processo que poderá afetá-lo dramaticamente, deslocando a posição de todas as peças no tabuleiro político? Que milagre poderá produzir isso?

Apenas a vontade do povo. A nossa vontade. Devidamente organizada em grupos de pressão de toda ordem, articulados nacionalmente e combativos, lutando nas ruas, com manifestações incessantes, até dobrar a vontade dos parlamentares e obrigá-los a votar como queremos. Já foi possível na Lei da Ficha Limpa, iniciativa popular igualmente indesejada pelo Congresso, que a força de 1,3 milhão de assinaturas obrigou votar. Mas será possível, para algo muito maior e mais profundo, uma completa revisão constitucional?

Nós é que temos de responder isso. As jornadas de junho de 2013 demonstraram bem que todos estão de saco cheio, pelas mais variadas razões, e querem as mais diversas mudanças.

Seremos capazes de lutar efetivamente por elas, além de levar cartazes a passear nas ruas ou de compartilhar memes no Facebook?

Fosse eu presidente, empenharia o meu mandato nesse plano: convocar uma Assembleia Nacional Constituinte exclusiva e soberana, para reformar a carta de 1988 e criar as bases para as muitas mudanças necessárias, na legislação inferior e nas práticas políticas. Com essa tarefa feita, apoiado pelo povo, eu poderia trabalhar para a efetivação de um amplo pacote de reformas e por um novo padrão de gestão pública no Brasil.

Provavelmente, o empenho nessa ideia custaria o meu mandato. Eu não conseguiria implementá-la e liquidaria as chances de reeleição, quando não a própria carreira. Mas cairia tentando, tranquilo com a consciência e o compromisso assumido com meus eleitores. Governar como agora, nessa orgia de barganhas, concessões, desvirtuamento de projetos e traição de eleitores, mesmo com todas as mordomias e bajulações que o poder proporciona, simplesmente não vale a pena. **"**

GABRIEL PRIOLLI

Jornalista

❚❚ Ah, se eu fosse presidente...

Como não priorizar as pautas para uma ampla reforma dos sistemas de educação e saúde?

Seriam quatro anos de empenho e, principalmente, transparência para despertar de uma vez o país! ❚❚

SERGIO AGUIAR

Apresentador de TV

// Se fosse presidente, eu daria continuidade aos avanços sociais recentes, especialmente na questão do nível de emprego. Ampliaria o combate à corrupção exigindo tolerância zero, introduziria a obrigatoriedade de ensino público em tempo integral com alimentação para crianças carentes, daria prioridade à saúde pública buscando atendimento e tratamentos de alto nível para todos. Faria um esforço enorme para o desenvolvimento, em todo o país, dos transportes sobre trilhos (trens e metrôs), tentaria consertar as nossas estradas e, finalmente, buscaria fazer uma reforma tributária com urgência, taxando as grandes fortunas e os grandes lucros e diminuindo os impostos para quem tem salários baixos. //

HERSON CAPRI
Ator

❚❚ Se eu fosse presidente, a primeira coisa que faria seria federalizar o ensino. A visão de ensino no Brasil inteiro teria uma diretriz exclusiva do governo federal, porque cada prefeito que entra, ao querer levantar seu próprio nome, desmerece as políticas que foram implantadas no ano anterior. E essa federalização aconteceria como os economistas apregoam como no Banco Central; seria submetida à supervisão do presidente da República. No entanto, o estabelecimento de metas, necessidades de reformas, reciclagens, cursos de aperfeiçoamento dos professores e aumento salarial não seriam só por mérito e formação, mas por metas a serem batidas. Seria um conselho formado pela sociedade civil, que não estaria ligado a partidos políticos. Participariam empresários, pessoas do terceiro setor, entre outros. Teria esse conselho central e outro estadual. O central é quem estabeleceria as metas. O estadual é quem, junto às prefeituras, faria isso.

Outra coisa que faria seria modernizar as leis trabalhistas. Acabaria com o Ministério do Trabalho. Todo funcionário custa o dobro.

Terceira coisa: nenhuma família teria acesso a projeto social sem que ela comprovasse carteira de vacinação, todos os filhos matriculados e estudando. Essa ajuda social iria vigorar pelos primeiros 6 meses, podendo ser renovável por mais 6 meses, desde que o trabalhador comprovasse que no período fez curso de reciclagem e integração no mercado do trabalho.

Também proibiria todos os níveis do governo de contratarem novas obras a um ano e meio das eleições. Todos os políticos de todas as esferas que não terminassem as obras, salvo as de grande porte, não poderiam concorrer à reeleição sem que nessa prestação de contas ficasse estabelecida uma lei fiscal.

Outra coisa: toda pessoa eleita para cargo executivo, se ficou alguma obra por terminar, só poderia fazer outra quando terminasse a anterior. Se algo ficou por fazer, ele ficaria inelegível por oito anos.

Também acabaria com esses conselhos de fiscalização de contas na prefeitura. Temos visto mais um cabide de emprego. O tráfico de influência tem se tornado algo frequente nessa relação. Eles deveriam ser fiscalizados pelo Ministério Público, que tem competência para isso.

Eu também enviaria para o Congresso um projeto de lei para que todos os funcionários públicos se tornassem contribuintes da Previdência Social, que vem com seguidos rombos. Esses funcionários se aposentam com 100% dos ganhos e não contribuem.

A última ideia é que nenhum governo poderia mais nomear cargos, exceto secretário executivo e ministro. Todos os outros obedeceriam ao mesmo critério da Justiça: por mérito, e não indicação política. **"**

MARCUS GREGÓRIO
Pastor

❙❙ Educação de qualidade e serviço público profissional.

Ideias para mudar o Brasil não faltam. O diagnóstico do que deve ser feito é razoavelmente consensual. Acontece que o presidente da República não decide sozinho. Ele lidera o país, mas manda apenas no Poder Executivo Federal.

Claro, o presidente pode influenciar a agenda e propor mudanças institucionais para melhorar o país. Precisa, entretanto, de capacidade de articular apoio político para suas propostas, mobilizar a opinião pública em favor das ideias e neutralizar coalizões de veto e grupos de interesse contrários às mudanças. Suponhamos, mesmo assim, que eu fosse o presidente e pudesse aprovar minhas ideias. A lista de reformas é conhecida: política, tributária, trabalhista e previdenciária. É preciso melhorar a infraestrutura e a operação da logística. Há que reduzir custos de transação.

Eu faria mudanças em duas áreas fora dessa lista: na educação e no serviço público. Elas são fundamentais para obter ganhos de produtividade, elemento-chave do crescimento. A meu ver, são as de maior impacto positivo no longo prazo.

Na educação, eu buscaria melhorar sua qualidade. Adotaria o tempo integral no ensino fundamental e a remuneração dos professores por desempenho. Os diretores de escola seriam escolhidos por critério exclusivamente profissional. Para reduzir privilégios da alta classe média e dos ricos, seria eliminada a gratuidade nas universidades públicas, mas os estudantes de famílias das classes menos favorecidas teriam garantido o custeio de seus cursos pelo governo.

No serviço público, os cargos de indicação política seriam reduzidos entre 1% e 2% do número atual (25 mil somente no governo federal). Para cargos de maior destaque (bancos oficiais, Tesouro Nacional, Petrobras e semelhantes), se recorreria a empresas especializadas (*headhunters*) para recrutamento e seleção dos candidatos. Sem um serviço público profissional, é difícil construir o bom governo e, sem este, são menores as chances de promover o desenvolvimento. ▐▐

MAÍLSON DA NOBREGA
Ex-ministro e Consultor

❚❚ Começaria pela campanha. Prometeria desde o início que, se eleita, faria a reforma política. Depois de tomar posse como presidente da República, negociaria os apoios no Congresso para uma ampla e justa reforma. Fim do voto obrigatório. Fim do voto aos 16 anos. Limitaria a apenas quatro grandes partidos no país. Os políticos seriam obrigados a se agrupar por ideologia, os mais socialistas num partido que assim os representasse e assim por diante. Faria a reforma das cadeiras/vagas no Senado e da escolha de suplentes. É um absurdo estados tão populosos, como São Paulo, terem a mesma representação de 3 senadores que outros estados menos populosos, como o Acre, Amapá ou Paraná. O suplente também seria escolhido por voto como acontece hoje na Câmara. Ocuparia o cargo, em caso de vacância, o político mais votado na lista dos eleitos. Uma reforma administrativa nas duas casas que enxugaria o número de funcionários para cada gabinete e que acabaria com a obrigatoriedade de financiar a vida parlamentar dos congressistas fora do expediente em Brasília.

Ficção? Se você quer um país melhor, precisa começar de algum jeito. O exemplo vem de casa. ❚❚

VERUSKA DONATO
Jornalista

❧ Se eu fosse presidente, a minha primeira medida seria a redução dos impostos, depois criaria regras mais claras para incentivar a cultura e as manifestações culturais de cada região do país.

E, logicamente, faria mudanças no judiciário, pois temos uma Justiça muito lenta e, em alguns casos, ineficaz. ❧

DUDU NOBRE

Cantor

❙❙ Antes mesmo de tomar posse, chamaria os líderes de todos os partidos e representantes da sociedade civil para discutir um projeto de reforma política ampla, geral e irrestrita, que seria enviado ao Congresso Nacional no primeiro dia do meu mandato. O ideal seria discutir os pontos centrais deste projeto durante a própria campanha eleitoral, o que nenhum candidato fez até agora. Sem isso, qualquer outra proposta de mudança no país seria inútil, mera demagogia, inviável. Com o atual sistema político partidário eleitoral, o Brasil é um país ingovernável, seja quem for eleito presidente da República.

Os principais pontos que proponho para este projeto:

· Fim da reeleição em todos os níveis;

· Cláusula de barreira;

· Voto distrital misto (modelo da Alemanha);

· Acabar com a figura de suplente de senador;

· Mudar as regras da propaganda eleitoral obrigatória;

· Fim do voto obrigatório;

· Redução do número de deputados federais e senadores, deputados estaduais e vereadores, assessores e funcionários, e limitação dos gastos dos Legislativos, de acordo com o número de parlamentares eleitos;

· Limitar o número de ministérios e secretarias no Executivo às áreas essenciais.

Só tem um probleminha: para fazermos a reforma política pela qual clama a democracia brasileira, dependemos dos políticos. Vai daí... Se este projeto não vier no bojo de uma ampla mobilização nacional, a exemplo do que vimos na Campanha das Diretas, jamais sairemos da crise política permanente em que vivemos. **"**

RICARDO KOTSCHO
Jornalista

Ah... Se eu fosse presidente...

Olha, se eu fosse presidente, pelo jeito, ia precisar de, ao menos, dois mandatos, pois teria muita coisa para mudar.

Sei que muitos temas que eu adoraria mudar não estão somente nas mãos do presidente e que são decisões que não podem ser resolvidas numa canetada, mas vou aproveitar o espaço e dar asas à imaginação.

Algo simples e objetivo que melhoraria muito a qualidade dos políticos brasileiros seria tornar o voto opcional. Só vota quem quiser. Assim, evitaríamos milhares e milhares de votos inúteis. Votos de cabresto que, infelizmente, ainda são uma realidade no Brasil, votos de "protesto", uma ideia estúpida e prejudicial à nação, e os votos de quem não tem nenhum interesse no futuro do Brasil, aqueles que escolhem qualquer número momentos antes de apertar os botões na urna.

Uma mudança impossível e sonhada seria acabar com as regalias dos homens públicos. Os atos de corrupção, sejam de um vereador ou de um presidente da República, deveriam ser julgados como qualquer outro crime. Os bandidos de terno e gravata iriam para a prisão comum.

Nada de imunidade parlamentar, prisão especial, nada além do que recebe um preso comum no Brasil. O mesmo tratamento. Tenho certeza que nossos homens públicos jamais legislariam contra seu próprio benefício. Mas, pelo menos aqui, podemos sonhar.

É um assunto polêmico, mas eu também reduziria a maioridade penal. Acredito que nosso sistema carcerário é falido e nossa justiça falha, porém, na minha cabeça, um adolescente de 14, 15, 16 anos sabe muito bem o que está fazendo e, se comete um crime, tem que pagar por isso. Não reduziria para 14 anos, mas 16 acho viável.

Outra decisão, se estivesse em minhas mãos, seria reduzir o número de partidos no Brasil. A promiscuidade partidária no Brasil abre brechas para o pior tipo de política, ou melhor, politicagem. É a velha troca de favores, o 'me ajuda daqui que eu te ajudo dali'. Eu acredito que, quanto mais partidos, mais difícil saber a posição que eles defendem, de que lado estão. Hoje, no Brasil, me parece que o ideal é sempre estar ao lado do governo, assim fica mais fácil de conseguir as sonhadas "boquinhas". O país não deveria ter mais de três, quatro partidos.

A carga tributária em nosso país é vergonhosa. Me deixa indignado saber que no Brasil pagamos o mais alto imposto para ter o menor retorno. Proporcionalmente, não tenho dúvidas dessa estatística absurda. Mal sabemos o que são todos os impostos que pagamos, e sabemos menos ainda o retorno que eles nos trazem. Me lembro de um candidato que levantava a bandeira do imposto único, e nessa estou com ele. Um único imposto, proporcional aos ganhos do cidadão, seria o ideal.

Acredito também que está mais do que na hora de o Brasil abrir os olhos para a nova política anti-drogas. Até mesmo os Estados Unidos, considerado um país conservador por nós, já modificou o olhar sobre esse problema. Lá, já existem estados que legalizaram a maconha, até mesmo para o uso recreativo.

Na Europa, apesar de não ser legalizada, a maconha teve seu uso descriminalizado (algo que, em teoria, também acontece no Brasil). Uruguai e Argentina também já modificaram suas leis, permitindo que as pessoas plantem em casa.

Legalizar a maconha ainda é um passo muito grande no Brasil, porém, descriminalizar de fato os usuários — que eles não sejam achacados e extorquidos por policiais que encontram uma pequena quantidade de droga — e liberar o plantio de um número limitado de plantas por cidadão, além de um porte mínimo, podem ser um primeiro passo para mudar esse proibicionismo ostensivo, que já se mostrou inútil. Um começo para desmantelar o poderoso tráfico no Brasil, já que a maconha é a droga ilegal mais utilizada no país. Olha, tá pipocando tanta ideia por aqui que estou quase me candidatando!

Uma pena que nenhum partido no Brasil me represente dignamente, portanto, este jovem candidato já está aposentado de sua fugaz aspiração política. **❞**

FELIPE ANDREOLI
Repórter

> A hipótese está fora de cogitação. Não obstante, como cidadão, julgo-me no direito de opinar sobre o nosso futuro, seriamente comprometido por seguidos e graves erros cometidos pelos poderes Executivo e Legislativo, com reflexos diretos no desempenho do Judiciário.

Mesmo em nome da democracia, é impossível conviver com a proliferação de pequenas siglas sem ideologia, causada, entre outros fatores, pelo financiamento através do Fundo Partidário alimentado com recursos dos contribuintes. O Capítulo V do Título II (Dos Direitos e Garantias Fundamentais) da Constituição, que dispõe sobre "Partidos Políticos", deve ser revisto e abreviado. Bastaria dizer: "É livre a criação de partidos políticos, cuja organização será disciplinada em lei ordinária". Entregar-se-ia a responsabilidade pela criação, fusão, extinção, incorporação, à legislação dotada da flexibilidade que a norma constitucional não possui.

Com a extinção do Fundo Partidário e do horário eleitoral gratuito, mantido, também, pelo contribuinte, quem se propusesse a organizar partido político deveria buscar apoio na sociedade civil, com programa convincente, não nos cofres. Começaria por radicais mudanças na legislação partidária.

É necessário acabar com suplentes de senador, e reduzir o número de deputados federais, cujo excesso prejudica as atividades da Câmara. Proponho, também, a dilatação das competências legislativas dos Estados, proporcionando-se ocupação a deputados estaduais, hoje condenados à ociosidade, bem como a democratização da estrutura sindical.

Por último, para não me alongar, sugiro a reforma trabalhista, bem como a democratização da estrutura sindical.

São medidas necessárias à retomada do crescimento econômico, com geração de empregos, e recuperação do setor industrial, afetado pelo custo da mão de obra. Sem reforma trabalhista e sindical, o Brasil deixa de ser competitivo no mercado internacional, para ter o mercado interno invadido por importados. **"**

ALMIR PAZZIANOTTO

Ex-ministro do Trabalho

Sidney Rezende

▐▐ Eu, se fosse presidente da República, seria um municipalista, acredito muito no desenvolvimento dos municípios. O real problema da população é o município. Trabalharia direto com os prefeitos. Estaria mais próximo para resolver os problemas da educação e da saúde, porque a população vive nos municípios, ela não vive nos estados nem no governo federal. Seria um municipalista. Eu acho também que o governo federal privatiza coisas que não tem que privatizar. A máquina pública precisa realmente ser enxugada, ninguém consegue com um custeio alto mantê-la. Sem dúvida, os dois pontos principais que preocupam a população: um é a segurança, eu acho que não existe felicidade sem segurança, e a inflação, você não consegue viver não tendo a inflação controlada. O momento atual é de muita expectativa por conta dessa insegurança pela qual vive a economia do Brasil.

Então fortaleceria os municípios, porque um município forte é um Brasil forte, e trabalharia com mão de ferro na economia e tentaria enxugar a máquina pública; quando ela for enxuta, com certeza ela vai funcionar. **▐▐**

EDILSON SILVA

Narrador esportivo

❚❚ Se eu fosse eleita presidente, colocaria no primeiro escalão o que de melhor o Brasil tem nas áreas específicas e deixaria para o segundo escalão os acordos políticos feitos para a eleição. Meus primeiros atos seriam o de dar uma atenção às áreas de educação e saúde baseada nos dados estatísticos do IDEB nacional e SUS. Sem esquecer de que durante o meu governo faria o possível para desemperrar as reformas política e tributária. Tentaria também acabar com a reeleição e defender um mandato de cinco anos para presidente da República. Acabaria com os cargos de confiança só tendo pessoas concursadas dentro do serviço público. Acabaria com os cartões corporativos, carros oficiais e as muitas mordomias desnecessárias. Gastaria menos na máquina pública. O Bolsa Família teria tempo de validade de cinco anos. Nesse tempo, profissionalizaria essas famílias permitindo que se tornassem produtivas para a sociedade. Priorizaria as políticas para a juventude criando muito mais escolas técnicas como alternativa para o ensino médio. E mexeria nas grades curriculares do ensino fundamental, fazendo com que a escola se tornasse viva, interessante e não retrógrada como ainda é. Não descansaria enquanto não diminuísse as estatísticas de violência no Brasil e de corrupção. Seria transparente nas minhas ações, discutindo temas polêmicos com a sociedade, como aborto, que mata milhões de mulheres no país, e a criminalização da homofobia. Defenderia um Banco Central independente e um Supremo que nomeasse seus membros por mérito e concurso público. Restauraria a meritocracia no país.

Provavelmente não ficaria presidente por muito tempo, contrariando um *status quo* político que interessa a poucos que se locupletam com a situação do país. ▰▰

YVONNE BEZERRA DE MELLO

Professora

❚❚ Se eu fosse presidente do Brasil, sinceramente, minha primeira meta seria buscar apoio parlamentar para promover uma ampla reforma política. Até porque os "pilares" da campanha geralmente são saúde e educação, pastas importantíssimas, mas que têm suas responsabilidades divididas com governos municipais e estaduais (já a reforma política fica restrita em âmbito federal).

A ambição desmedida por cargos eletivos gera falta de compromisso dos eleitos e, consequentemente, um descrédito na classe política. Por isso, acredito que mandatos não devem ser interrompidos. Exemplo: se você vota num determinado candidato a vereador, esse seu "representante" teria a obrigação de permanecer na função durante quatro anos, e não usar o cargo como "ponte" para uma candidatura a deputado no meio do mandato. (Quer dizer que meu voto só valeu pela metade?)

Outra situação (que admito, cheira a utopia) seria tentar impedir que qualquer político superasse três mandatos no legislativo. A "carreira política" não é saudável numa democracia.

Por fim, tentaria, repito, com o apoio de uma bancada, pôr fim ao voto de legenda, porque é inadmissível que um sujeito que tenha 5.000 votos seja eleito e aquele que obteve 10.000 não consiga sua eleição simplesmente porque a sigla que o ampara não tem representatividade.

Representatividade tem que ser o voto na urna!

Sidney Rezende

Claro que, em meio a essa árdua batalha, educação, saúde e segurança pública teriam atenção especial.

Como eu sei que temos um Congresso completamente contaminado, só posso dizer: Ainda bem que não sou presidente! ❞

BRUNO AZEVEDO

Repórter esportivo

❙❙ Minha primeira atitude como presidente eleito do Brasil seria convocar o Congresso e a população, através de um referendo ou plebiscito, para uma reforma política profunda, propondo entre outras coisas:

Mandato de cinco anos para todos os cargos eletivos, sem possibilidade de reeleição no executivo, com a unificação das eleições. Em uma década, teríamos duas eleições, em vez de cinco, com a possibilidade de renovação total dos quadros, e com grande economia, sem paralisias do Congresso a cada dois anos.

Fim do voto obrigatório.

Proibição do financiamento de campanhas por empresas;

Participação de candidatos independentes, os chamados sem partidos.

Redução do número de ministérios, desburocratização e descentralização da administração pública.

Ainda no fim do primeiro dia de mandato, eu acabaria com a obrigatoriedade da terrível "Voz do Brasil".

No segundo dia, dedicado à segurança, eu proporia a desmilitarização gradual de todas as polícias, e o desarmamento total da população. Investimentos em inteligência policial, associando todas as polícias e o Ministério Público de forma mais eficaz.

Uma reforma do Código Penal, mantendo a pena de reclusão apenas para criminosos de alta periculosidade, autores de crimes hediondos, inclusive menores de 18 anos, e aplicando penas alternativas para todos os outros condenados, com vigilância eletrônica e serviços comunitários obrigatórios para 90% da população carcerária, fechando a maioria dos presídios, que são máquinas de tortura e revolta muito custosas.

Mandaria ainda neste dia para o Congresso um projeto de descriminalização das drogas, dando um golpe no comércio ilegal de drogas e na corrupção policial, diminuindo drasticamente a violência e a população carcerária.

No terceiro dia, dedicado à educação e cultura, eu tornaria obrigatório o investimento mínimo de 12% do orçamento em educação, com a universalização do ensino em período integral, começando com os estados com os piores índices educacionais.

Na cultura, aumentaria significativamente os incentivos fiscais aos patrocinadores e os investimentos públicos diretos através das empresas estatais. Por outro lado, trabalharia fortemente pela acessibilidade da população de menor renda, tornando gratuito o ingresso a espetáculos patrocinados para estudantes da rede pública, assim como o download de filmes e séries de TV realizados com dinheiro público.

No quarto dia, dedicado à indústria brasileira, que está em recessão, eu criaria linhas de crédito, desburocratizaria os tributos e convocaria os industriais a uma modernização total, com incentivos fiscais para as iniciativas sustentáveis. Enquanto as ruas e pátios das montadoras estão entupidas de carros poluentes encalhados, o governo insiste na redução de IPI para vender mais carros, abrindo mão de mais de 1 bilhão de reais em impostos.

Enquanto isso, nossos metrôs têm pouquíssimo investimento, e, quando fazemos, são com vagões chineses. Eu cortaria imediatamente o incentivo aos carros, e aplicaria todo o dinheiro arrecadado na ampliação dos metrôs e das ciclovias, e daria isenção total ao desenvolvimento de meios de transporte coletivos não poluentes para reformar a indústria automobilística.

No quinto dia, me dedicaria à reforma tributária, desburocratizando o emprego e o investimento, aliviando o assalariado de baixa renda e a micro e pequena indústrias, aumentando por outro lado os impostos sobre o mercado financeiro e sobre grandes fortunas.

No sexto dia, dedicado à política internacional, eu convocaria os nossos maiores parceiros comercias, como China, EUA e União Europeia, a criar um fundo para a erradicação da miséria extrema na África subsaariana e no leste da Ásia, propondo uma jornada mundial de combate à fome.

No sétimo dia, depois de realizar todas essas ações na minha primeira semana de governo, eu provavelmente... sofreria um impeachment fulminante.

CAIO BLAT
Ator

▐▐ Se eu fosse presidente... Estimularia ainda mais a participação da sociedade na política, sem a qual eu não teria chegado à presidência. As reformas de que o país precisa só virão com amplo apoio popular que dê a elas a devida sustentação. A começar pela reforma agrária, passando pela reforma urbana, com o fim da especulação imobiliária; pela taxação das grandes fortunas, pela ampliação do processo de distribuição de renda, pela revisão das privatizações realizadas pelos governos neoliberais, pelo estímulo a organizações multilaterais como o Mercosul, a Unasul, a Celac e os Brics, enfim, pelo aprofundamento da democracia no país e no mundo.

Para tanto, é fundamental impulsionar uma reforma política que combine a representação parlamentar (com financiamento público de campanha e voto em lista) com a criação de conselhos de cidadãos com poder de orientar as mais diferentes políticas públicas. Mas, para se chegar a isso, é preciso que a sociedade seja bem informada, sem distorções, o que é impossível no atual quadro midiático existente no país, altamente concentrado. Para enfrentar esse problema, enviaria ao Congresso Nacional uma Lei de Meios, capaz de ampliar a liberdade de expressão no país, dando voz aos setores da sociedade hoje calados pelos grupos restritos que controlam os meios de comunicação e estabelecem as pautas dos temas nacionais segundo os seus interesses. O envio do projeto dessa Lei ao Congresso seria meu primeiro ato se eu fosse presidente. ▐▐

LAURINDO LALO LEAL FILHO
Jornalista

❚❚ Se eu fosse presidente, eu faria com que a 'ficha limpa' fosse cumprida.

Pediria para o povo fazer mais emendas populares, pois os congressistas (a grande parte deles) só pensam em si. Acabaria com o voto obrigatório.

Prestaria conta toda semana aos que votaram em mim.

Acabaria com essa quantidade de partidos e investiria pesado na educação, pois aí está a chave para tudo. ❚❚

MARCELO SERRADO
Ator

❝ Ao subir a rampa presidencial, teria a missão de reconduzir a honestidade ao dia a dia dos brasileiros. Com a faxina feita, a sujeira que se instalou no nosso país não iria mais acontecer, assim como desvios de verbas públicas. Não permitiria que os mais pobres vivessem mais pobres e em condições precárias. A saúde merece atenção especial, com melhora no sistema público, que permitiu o crescimento da rede particular. A educação, base de qualquer sociedade, tem que ser olhada com carinho, assim como os seus profissionais (leia-se: professores). Eles precisam ter condições de trabalho e remuneração à altura da sua responsabilidade. Além disso, a reforma tributária é urgente para que o povo tenha condições de viver com o que recebe, sem passar quatro meses do ano somente pagando impostos. O meu sonho é ter um país menos desigual e com uma distribuição de renda mais justa. ❞

FÁBIO AZEVEDO
Jornalista esportivo

> **Se eu fosse presidente?**

Assumiria e, sob a unção do apoio da maioria dos brasileiros, aprovaria um pacote de reformas:

1) Reforma Política: contendo um pacote de medidas como:

- Extensão dos mandatos dos Poderes Executivo e Legislativo para cinco anos (Senado com mandato ampliado para dez anos);

- Fim da reeleição no Poder Executivo;

- Eleições gerais a cada cinco anos. Quatro anos para trabalhar e um do Brasil parado para campanha eleitoral. Atualmente, no Brasil, todo ano é eleitoral ou pré-eleitoral. Nossos políticos precisam ter mais compromissos com resultados eletivos e não apenas compromissos eleitorais;

- Eleição para Câmara Federal dos Deputados com sistema misto (voto distrital 20%; voto estadual 60%; voto nacional para 20% das cadeiras). Motivo? Melhorar a representatividade; qualificar o debate no âmbito nacional; reduzir o 'paroquialismo');

- Suplente de Senador é o 2º mais votado. Ponto final!

- Todo ex-presidente da República (em gozo com seus direitos políticos) torna-se Senador Vitalício;

- Fim das emendas parlamentares individuais. Moeda de troca na relação incestuosa entre os Poderes Legislativo e Executivo. Emendas apenas de bancada;
- Redução das regalias de verbas de gabinete e outras discrepâncias no Poder Legislativo;

Desde a Câmara Municipal até o Senado da República.

- Mandato pertence ao partido e não ao político eleito no legislativo;
- Fortalecimento da cláusula de barreira para forçar a consolidação do sistema pluripartidário. Não há democracia que sobreviva com a incoerência e a falsidade ideológica de mais 40 partidos existentes no Brasil;

2) Reforma do Judiciário:

- Força para o Conselho Nacional de Justiça;
- Ministros integrantes das instâncias superiores precisam ser indicados pela própria corte após consulta prévia ao CNJ e votado e aprovado na Câmara e no Senado. Valorizar o Parlamento e reduzir o poder de coerção na Justiça, do Poder Executivo;
- Remuneração vinculada ao compromisso com celeridade, metas e resultados;
- Condenados perdem direito a aposentadoria. Era para ser óbvio, certo?

- Redução da maioridade penal para 16 anos.

3) Reforma Tributária:

- Pacto do novo governo com a sociedade e os três poderes;

- Redução gradual da carga de impostos e conjugado com maior fiscalização, punição e redução dos gastos públicos;

- Consolidação de impostos na busca de um IVA (Imposto sobre Valor Agregado) nacional. Redução do número de impostos e o desmonte do sistema de impostos sobre impostos "efeito em cascata".

4) Educação:

- País rico é país educado;

- O salário de um vereador não pode ser superior ao salário de um professor da rede municipal de ensino (carga semanal máxima). Salário de um senador não pode ser maior que o salário de um professor doutor de universidade federal;

- Educação física e prática esportiva em 100% das escolas públicas e particulares;

- Resgate da Hora Cívica na grade curricular.

5) Saneamento:

- Cerca de 50% das residências do Brasil possuem coleta de esgoto. Destes 50%, menos de 40% do esgoto é tratado;
- Universalizar o saneamento no Brasil. Afetará positivamente a saúde pública, meio ambiente, turismo e a economia do Brasil.

6) Defesa Nacional:

- Implementar na plenitude o Plano Nacional de Defesa proposto pelo ex-ministro Nelson Jobim;
- Reaparelhamento da aviação do Exército Brasileiro;
- Criação da Guarda Costeira Nacional. Poder de fiscalização, polícia, socorro e salvamento;
- Multiplicar o nível atual de alistamento militar. Capacitação para o Civismo, Defesa, Soberania e Cidadania.

7) Redução dos ministérios:

- No máximo 20 ministérios;
- Ministérios conduzidos por profissionais com notório saber nas suas pastas. Combate ao leilão de cargos na relação promíscua entre o Executivo e os partidos da base governista.

8) Esporte:

- Papel do Estado está em promover o desporto educacional e o fomento ao desporto de base;

- Cumprir o previsto no Artigo 217 da Constituição;

- Gestão do Esporte vinculada às políticas públicas de Educação; Turismo; Cultura e Meio Ambiente;

- Para o desporto de rendimento, apenas instrumentos de isenção fiscal (paritários com a Cultura) e uma agência reguladora. **"**

LARS GRAEL
Ex-atleta e Professor

Ah, se eu fosse presidente...

5

Na campanha presidencial de 1992, James Carville, então assessor da campanha de Bill Clinton, criou uma expressão que entrou para a história: "É a economia, estúpido!". Clinton humilhou o então presidente George Bush pai, explicando com todas as letras, e em uma só frase que, numa campanha presidencial, a economia pode liquidar ou consagrar um governo.

❙❙ Se eu fosse presidente...

Proporia uma reforma tributária transformando todos os impostos, inclusive os impostos sobre folha de empregados, em um único (IU) e mudaria a distribuição da receita para os Governos Federal, Estaduais e Municipais na proporção de 1/3 para cada.

Acabaria com o déficit de moradias e transformaria todas as favelas do país em bairros com infraestrutura minimamente decente.

Faria a construção de linhas de metrô em todas as grandes cidades do país e implantaria um sistema interurbano de trens, interligando as principais cidades do Brasil.

Criaria um programa para financiamento da educação básica para que os mais pobres pudessem estudar em escolas privadas, pago pelo governo.

Unificaria as polícias estaduais (civil e militar) e terceirizaria a construção e implantação de presídios;

Na saúde, deixaria os grandes hospitais públicos operando com emergências e terceirizaria o atendimento a toda a população pagando planos de saúde na rede privada. ❙❙

ANGELO LEITE
Empresário

▌▌ Por um Brasil mais rico.

Aprendi na escola de Administração que, para propor uma solução, precisamos de uma leitura precisa do problema. A leitura que faço dos principais problemas do Brasil não está nos indicadores de endividamento, de desigualdade na renda, de caos na saúde, de malha de transporte insuficiente e sucateada, de falta de investimento em infraestrutura, de violência beirando a guerra civil e de incontáveis outros problemas escancarados nas manchetes. Minha leitura começa antes, na falta ou na má qualidade da essencial educação.

As famílias estão endividadas porque não aprenderam a consumir de maneira sustentável. A desigualdade na renda existe porque a desigualdade na educação divide os capacitados dos dependentes. A Saúde não dá conta de atender a problemas de saúde pública que começam na falta de higiene, de dignidade, de consciência, de prevenção e de qualidade na alimentação.

A infraestrutura é insuficiente porque os eleitores aprovam a atitude de governar para o curto prazo. A violência é a reação ignorante à falta de ação do Estado e da sociedade.

Poderia listar centenas de problemas, mas me limitei a alguns para destacar nosso maior problema: nosso país não tem educação. Falta estrutura para as escolas, falta preparo e valorização dos professores, falta um debate social que norteie os valores familiares. Os pais de hoje não estão em condições de educar adequadamente seus filhos, seja por não encontrarem exemplos a serem valorizados, seja pela pressão ilógica de trabalhar excessivamente porque a maior parte de seus ganhos é consumida pela ineficiência da gestão pública.

Como presidente, eu investiria maciçamente em educação em todos os níveis, da tenra infância aos aposentados. Enfatizaria no debate educacional diretrizes para a educação financeira, para o empreendedorismo, para a sustentabilidade e para a educação moral, ética e cívica. Hoje, o pouco debate sobre esses temas que existe nas escolas é conduzido muito timidamente, por professores despreparados, e raramente com o acompanhamento das famílias.

Educação de verdade vai além das escolas. Envolve debate social, que deve começar por uma enérgica coordenação entre Estado e sociedade civil com base nos resultados a colher no longo prazo. Isso não custaria mais caro do que as gorduras que existem para cortar nos orçamentos de ministérios, congressos, assembleias e todo o atual aparato da corte. Como presidente, eu batalharia pelo encolhimento dessas estruturas improdutivas e nababescas, defendendo a atuação pública voluntária (não remunerada) em cargos eletivos. Isso desestimularia as reeleições e obrigaria os políticos a entregarem resultados perenes nos seus honrosos mandatos de apenas quatro anos.

Educação de verdade envolve campanhas publicitárias maciças, que não custariam mais do que os governos gastam hoje apenas para se promover. A propaganda atual seria descartada, no meu governo. Para uma população bem educada, fatos e indicadores são mais decisivos do que a ficção das campanhas para eleger novos representantes.

Educação de verdade se dá pelo exemplo. Como presidente, eu estabeleceria como meta a redução de 75% da estrutura do Estado, eliminando cargos, promovendo a produtividade e a meritocracia, lutando contra a burocracia, aumentando a vigilância e a punição contra fraudes e combatendo radicalmente a corrupção. Como presidente, lutaria para aprovar a pena de morte ou a prisão perpétua para aqueles que dolosamente lesam o patrimônio e o interesse público. Também estipularia que servidores públicos, representantes do povo, sindicalistas e todos aqueles que atuam em nome do Estado, ou de qualquer categoria profissional ou social, sejam punidos em dobro por infrações de qualquer natureza, de multas de trânsito a penas criminais. Quem assume a responsabilidade de representar a sociedade deve ser duplamente responsabilizado por dar o exemplo.

Não me considero radical. Sou um defensor da liberdade, da autonomia e da responsabilidade individual. Sou contra o intervencionismo, pois seu excesso destrói a livre iniciativa, torna as pessoas acomodadas e cada vez mais dependentes do Estado. Com uma população acomodada, o país está fadado a esgotar seus recursos, pois faltarão aqueles interessados em gerar excedentes.

Como presidente, não vejo necessidade de reduzir impostos, mas sim de evidenciar para a população os benefícios criados com o pagamento destes. A política de distribuição de renda acomoda os mais pobres, desestimula a busca por conhecimento e o empreendedorismo, cria uma nação de zumbis. Sabemos que as incontáveis bolsas-auxílio e programas de redistribuição de renda são insustentáveis porque, uma vez alcançados seus objetivos, dificilmente alguém terá coragem de extinguir esses programas. Eu seria um dos que faria isso, e faria agora, ao mesmo tempo em que investiria maciçamente para abrir vagas de ensino para todos os que se encontram desocupados.

Falta coragem de mudança porque aqueles que são condecorados com o poder de mudar não querem deixar de mamar nas tetas do Estado. São vagabundos profissionais, ou pessoas bem-intencionadas que só descobrem que passaram a fazer parte da máfia depois das juras de sangue.

Se eu fosse presidente, seria considerado antipático, mas seria movido pela intenção de deixar um legado e pelos conhecimentos de administração que tenho. Das pessoas que reuniria para me ajudar a transformar a dura realidade do país, nove em cada dez seriam administradores profissionais. Afinal, aprendi com a vida e também na escola de Administração que as pessoas mais indicadas para conduzir e coordenar estruturas complexas de decisão são os profissionais formados nessa área. O administrador é o profissional que faz planos e zela para que esses planos aconteçam como previsto, ou melhor do que o previsto, se o prazo permitir a absorção de novos conhecimentos. Nosso Brasil não é conduzido por administradores, mas sim por bombeiros que reagem aos alarmes da imprensa e dos lobbies para apagar incêndios.

Espero que os bombeiros, profissionais que estão entre os mais admirados em qualquer país do mundo, não se ofendam e entendam que o que faço aqui é apenas uma metáfora. Até porque, se tivéssemos bons bombeiros na condução do país, o Brasil não estaria só em cinzas como agora.

GUSTAVO CERBASI
Escritor

> **Ah, se eu fosse presidente...**
>
> Enterraria a cultura do "o governo dá" que reina no país. Os governos não dão nada a ninguém, mas parece que aqui no Brasil o senso comum não reflete isso. Quem dá algo é a sociedade, ou melhor, são outras pessoas. O problema é que quando passamos a nos referir a grupos ao invés de indivíduos, essa noção fica mais difusa. Qualquer política é uma transferência de renda. E se é assim, essa transferência deveria ser estudada e dimensionada, para poder ser justa. Isso melhoraria, acredito, a eficiência do gigantesco gasto público de nosso país.
>
> No Brasil, os recursos do BNDES são em grande parte financiados pelo FAT — Fundo de Amparo ao Trabalhador. Trabalhadores financiando empresários? Os recursos do FGTS que ajudam a subsidiar o Minha Casa Minha Vida só estão disponíveis porque pagam juros baixíssimos para os donos do dinheiro — novamente, os trabalhadores. E nenhum desses subsídios é explicitado em orçamento ou esclarecido para a sociedade. Isso faz com que nós sejamos, cada vez mais, o país das 'jabuticabas'. Esse é um apelido que eu gostaria que o país perdesse.

EDUARDO ZYLBERSTAJN
Economista

❚❚ Como trabalho com produtos orgânicos e éticos, eu sei da importância global que este segmento representa para o presente e futuro do planeta e das pessoas. Por isso, o estímulo à produção e consumo a produtos honestos no sentido amplo da palavra teria prioridade no "meu governo".

Neste plano, estaria incluída a agricultura familiar e o artesanato, (como estes segmentos sofrem por falta de mercado!!!) além, claro, das pequenas empresas que são a base de nossa economia produtiva.

Os problemas com saúde seriam resolvidos se a gestão voltasse ao poder central. Os municípios politizam a saúde levando "amigos" a receberem mais pelos serviços e prejudicam outros que querem trabalhar, mas politicamente são do outro lado. Cada gestor que entra muda as regras e muda as pessoas e tudo volta a estaca zero.

Segurança e educação, ao meu ver, estão conectadas por perspectiva de futuro, que só é vislumbrada se houver ensino qualificado para colocar o aluno no mercado de trabalho, do contrário, por que obedecer a regras que não vão me levar a lugar algum? ❚❚

MAYSA GADELHA
Empresária

❚❚ Faria um conselho formado por pensadores livres e idôneos das várias categorias (artistas, intelectuais e populares) para pensar um Brasil contemporâneo, que tenha a educação como ponto de partida e a saúde como prioridade máxima.

A economia descentralizada e a distribuição da renda produzida distribuída com equanimidade. A ideologia do dinheiro como um fim e não como princípio.

A cultura e suas infinitas manifestações regionais, portanto, universais, estimuladas e levadas a todos os cantos (e recantos) do país; exportação dos bens culturais e seus criadores fortalecendo, assim, um retrato profundo do Brasil, do povo brasileiro.

Uma luta frontal contra a corrupção (corruptores e corruptos) e contra a burocracia que emperra o processo de desenvolvimento.

Se eu fosse presidente, buscaria fazer a Independência Econômica do Brasil. ❚❚

JARDS MACALÉ
Cantor e Compositor

Ah, se eu fosse presidente...

6

Os eleitores elegem, a cada pleito, educação, saúde, transporte e segurança pública como os principais eixos que deveriam ser cuidados com mais atenção pelos governantes. Por que o avanço no setor de saúde é tão difícil?

❚❚ Se eu fosse presidente daria uma atenção muito especial à saúde e à educação. Na minha área, lutaria por uma política educacional que focasse na desconstrução dos preconceitos que envolvem o amor e a sexualidade, por acreditar que são fonte de grande sofrimento humano. Incentivaria uma profunda reflexão a respeito da mentalidade patriarcal, ou seja, de dominação, que tanto prejudica a relação de parceria entre homens e mulheres. Entre as minhas prioridades estaria também o apoio irrestrito do Estado ao aborto e a consolidação do combate e criminalização da homofobia. Questão de justiça e cidadania. ❚❚

REGINA NAVARRO LINS
Psicanalista e Escritora

❚❚ Trazer a saúde pública brasileira para o século XXI é uma ação urgente e que só é possível através de inovação. Um dos maiores sistemas públicos do mundo, o nosso Sistema Único de Saúde (SUS), precisa de uma gestão flexível, que valorize sua força de trabalho e siga as necessidades da nova realidade epidemiológica, caracterizada pelo envelhecimento populacional e o crescimento das doenças crônicas não transmissíveis.

Apesar dos avanços alcançados ao longo dos anos, diversos mecanismos foram mantidos sem atualização. O SUS deve superar anacronismos que persistem há quase três décadas e vir para o tempo certo. É preciso qualificar e repactuar os três pilares da saúde pública: conhecimento científico, gestão e incorporação tecnológica. Para realizar mais do mesmo, são necessárias ações simples. Para ir além, é preciso inovar. ❚❚

LUIZ ANTÔNIO SANTINI
Médico e Diretor do Instituto Nacional do Câncer (INCA)

❚❚ No curto prazo, é preciso revolucionar o sistema público de saúde brasileiro. Os hospitais que não curam seus doentes ainda machucam profundamente sua dignidade. Uma população humilhada em sua fragilidade física está mais perto do limite do fracasso, pois deixa de acreditar em seu potencial e em suas chances de vitórias e conquistas.

Mas, no longo prazo, até uma saúde pública bem-sucedida depende de educação. E educação não é sinônimo de levar todas as crianças para a escola. Educar é bem gerir as escolas e fazer com que os matriculados efetivamente aprendam.

Aprendam as disciplinas curriculares e aprendam a ser cidadãos. Um cidadão informado e ciente de sua dignidade constrói seu próprio país gerando mão de obra qualificada e controlando o poder público pelo poder do voto responsável. ❚❚

ANA PAULA PADRÃO
Jornalista

❚❚ Ainda não consigo entender por que em todos os cantos do nosso amado Brasil a saúde nunca tem prioridade.

Entendo que o nosso maior bem é nossa vida, mas sem saúde como podemos ser felizes?

Se eu fosse presidente, o meu primeiro ato seria a reforma para melhorar a qualidade dos serviços que envolvem a saúde no nosso Brasil. ❚❚

SELMINHA SORRISO
Porta-bandeira

> Ah, seu eu fosse o presidente!

Quando me deparei com o convite para ser um dos colaboradores deste livro, aceitei de imediato. E, curiosamente, me vi envolvido por uma energia boa e vivi um momento onde poderia transformar em realidade todos os meus desejos. Dizer que nunca me imaginei em tal situação seria uma leviandade da minha parte. Afinal, quem nunca desejou ter nas mãos a caneta que poderia, num passe de mágica, resolver todos os problemas considerados graves e impactantes.

Uma vez que tenho formação médica e, dentro da medicina, mais de três décadas divididas entre a pediatria, doenças infecciosas e ensino da medicina, fica evidente, por esse meu discurso, que tenho fortes vínculos com a saúde e educação. Assim, nessas áreas eu envidaria boa parte dos meus esforços.

Montaria um primeiro escalão de técnicos, minimizando a indicação política e buscando, nas grandes universidades públicas, repletas de talentos e pessoas diferenciadas, todo o meu *staff* que tocaria a saúde e educação com maestria e honestidade.

É evidente que crianças que frequentam boas escolas, em período integral, têm maior possibilidade de serem adultos mais capazes, mais saudáveis e que terão mais oportunidades no mercado, com melhor qualidade de vida e menor incidência de doenças infecciosas e metabólicas. Crianças bem formadas serão adultos mais capazes e mais saudáveis. Boas escolas não apenas reduzem as necessidades de presídios e delegacias. As consequências de boas escolas vão além: acabam por reduzir as filas nos hospitais, postos de saúde e salas de emergências.

Ainda na questão das escolas de primeiro e segundo segmentos: sempre em tempo integral, com a obrigatoriedade de filhos dos vereadores, deputados e senadores matricularem seus dependentes em tais escolas. Dessa forma, a vigilância quanto à qualidade do que vem sendo ensinado se tornaria maior. A avaliação de cada escola sendo realizada por auditorias especializadas, independentes e sem qualquer influência política impactaria na qualidade do ensino. Nas escolas seriam desenvolvidos programas de saúde escolar, nos quais enfermidades mais prevalentes seriam tratadas, avaliações da acuidade visual e auditiva, integridade do sistema nervoso, aspectos psicológicos, detecção de eventuais maus tratos ou assédio moral seriam observados sempre. Estabeleceria, dessa forma, o programa "Escola Amiga da Criança", programa que, além dos aspectos ligados ao ensino e detecção de doenças, observaria questões físicas e estruturais que pudessem acarretar em maiores riscos de acidentes, doenças e constrangimentos.

Em todas as ESCOLAS AMIGAS DA CRIANÇA, aspectos mais relevantes.

- Médicos;
- Parecer de arquitetos;
- Psicólogos;
- Professores de Educação física;
- Pedagogos;
- Dentistas;
- Nutricionistas.

O Ministério da Saúde teria que fazer jus ao nome, tendo que promover a prevenção de doenças, portanto, a busca pela saúde, evitando os gastos desmedidos com o tratamento de doenças, abordagens essas nem sempre bem-sucedidas. Atualmente, mais de 80% de todo o orçamento do Ministério da Saúde é para doenças, e apenas 20% se destina à prevenção de doenças e promoção de saúde. São com esses 20% que se fazem vacinas, programas de rastreamento de doenças sexualmente transmissíveis, o pré-natal e vários outros programas tão bem-sucedidos.

Mas ainda se investe (observe que eu não escrevi 'gasta', pois o que se aplica em prevenção se economiza muito no tratamento de doenças) pouco na prevenção.

Estabeleceria uma nova metodologia de notificação de doenças, obrigando os serviços, ou pelo menos alguns centros selecionados, à notificação positiva e negativa de doenças de elevado impacto. Com isso, o sistema de vigilância ficaria mais capaz e mais ágil, possibilitando uma ação mais ágil da saúde pública na eventualidade de surgir doenças de rápida disseminação.

O programa Mais Médicos sofreria uma mudança radical. A chegada de médicos e especialistas no interior nunca será suficiente para dar a essa população a atenção e uma medicina de qualidade. Assistência médica não se faz apenas com médicos, há de se preparar o interior para receber os médicos, agentes de saúde treinados e interligados por sistemas eficientes de comunicação. A prática médica é extremamente difícil, e nenhum profissional deve ser considerado pronto e agir de forma solitária. A estruturação de um sistema que possibilite a troca de experiências é imprescindível. Não consigo imaginar um médico, com todas as complexidades que envolvem um atendimento, ficar sozinho no interior.

Consultas no interior, nas quais os médicos atuem como facilitadores, executores de procedimentos médicos e condutores dos casos mais complexos são importantes. A segunda opinião de um especialista possibilitaria um diagnóstico mais preciso, maior racionalidade na solicitação de pedidos de exames e tratamento mais apropriado, acarretando em menos dor, sofrimento e morte.

Higiene oral – Tiraria dos cremes dentais e escovas de dentes algumas tributações para que o acesso aos produtos de higiene oral fossem mais democratizados.

A vacinação ampla contra todas as doenças as quais existem vacinas; educação à distância em tempo real e com possibilidade de reforço. Fim das cotas para o ingresso nas universidades públicas em 12 anos, tempo necessário para fazer uma verdadeira revolução no ensino fundamental e médio para capacitar os alunos. Todos teriam tempo para se preparar para o concurso em universidades públicas.

A obrigatoriedade dos filhos dos políticos com mandato ou em cargos de confiança em se matricular e frequentar escolas públicas e serviços públicos de saúde. A revisão da lei, na qual o corrupto deveria cumprir pena, tendo que ficar um mínimo de tempo preso e até que devolva tudo que fora desviado dos cofres públicos.

Campanha política patrocinada pelos cofres públicos e não mais pela iniciativa privada.

Distribuição de recursos com monitoramento rigoroso.

Maior transparência nas ações do governo.

Biotecnologia – para dar autonomia ao Brasil em relações aos produtos de custo mais elevado.

Lixo – coleta seletiva obrigatória – com isso, maior produção de riqueza, menor produção de lixo, menos acúmulo de logradouros para proliferação de insetos, roedores, baratas e outros animais que podem ser transmissores de doenças infecciosas.

Dengue – ao se falar da doença, todos voltam os seus olhares para o Ministério da Saúde e as secretarias estaduais e municipais de Saúde. São os líderes dessas pastas os convidados a explicar para a imprensa e a população de cada cidade o que está ocorrendo e quais são os riscos reais de uma nova epidemia e daí blá, blá e blá! Esse erro se repete todo verão, há mais de 30 anos. Dengue ocorre porque temos o vetor, o famoso *Aedes aegypti* ou *Aedes albopictus*, que se desenvolve de forma bem eficiente em água parada acumulada, sobretudo nas regiões urbanas.

As fêmeas desses mosquitos, que se nutrem de sangue, objetivando a maturação dos ovos que leva, costumam fazer dos nossos quintais a sua maternidade, e de nossos tornozelos, o restaurante onde buscam sangue, alimento essencial para a perpetuação da espécie. Uma população atendida por água de forma regular não tem a necessidade de armazená-la. Uma população educada reaproveita o lixo produzido. Certamente, 95% do lixo produzido nas casas é reciclável, sendo que menos do que 5%, se bem trabalhado, ainda será útil para produzir adubo de excelente qualidade para utilizar na agricultura.

Se não tiver pneus jogados na natureza, se as garrafas pets, latas, vidros e sacos plásticos, entre outros materiais, forem reaproveitados, onde se acumulará água? Uma população educada fará a limpeza das calhas, ralos e piscinas e aí a retórica de que é impossível acabar com o Aedes dará lugar a uma frase mais completa. Podemos não acabar com o vetor, porém temos condições de controlar a proliferação desse inseto, que a despeito de todas as condições climáticas, não atingiria níveis perigosos, como o observado atualmente em várias cidades e estados do Brasil.

Ações básicas de saúde – com maior foco em crianças, estimularia os municípios a atingirem 100% da meta no atendimento: pré-natal, assistência profissional para todos os bebês até três meses, aleitamento materno, crescimento e desenvolvimento, vacinação em dia, prevenção de acidentes, conduta nos casos de diarreia, infecção respiratória, ênfase nos primeiros mil dias de vida (período dos nove meses de gestação e dos dois primeiros anos de vida), alimentação segura, prevenção de disvitaminoses, obesidades e parasitoses intestinais.

Outras medidas prioritárias:

Estratégia da Saúde da Família para todas as áreas mais carentes.

Punição rigorosa para os maus gestores.

Banco público de células tronco proveniente de sangue de cordão umbilical e placentário mais abrangente.

Saneamento básico e água de qualidade.

Política de remuneração mais digna para professores.

Valorização dos hospitais universitários — centro de excelência em assistência, ensino, pesquisa e extensão.

Estabelecer entre os servidores públicos aumento de salário por meritocracia, produtividade e qualidade nos serviços prestados. **"**

EDIMILSON MIGOWSKI

Médico

❚❚ Se fosse presidente, cumpriria seriamente minhas obrigações para ver o Brasil crescer como uma nação referência na saúde e educação. Como trabalho com alimento, encontraria formas e processos para que em nenhum lar faltasse comida de qualidade. Lutaria e trabalharia para dar dignidade a todos os brasileiros. ❚❚

EDU GUEDES
Chef e Apresentador

7

Ideias e sonhos...

❞ Eu, como presidente, entre outras coisas: colocaria novamente como disciplina obrigatória em todas as escolas a Música. ❞

ANDREZINHO
Sambista

❚❚ Ah se eu fosse... Presidência ou presidente? Presidência vem do 'bona gente', vem do amigo mais reservado, chefia... Já presidente é mais sisudo, importante, responsável e um pouco amedrontador. Nesse caso, prefiro a presidência. Falta mais estilo presidência à nossa presidenta. Falta traquejo, falta diálogo, falta simpatia, acompanhando pouco de empáfia... Se eu fosse presidente, seria um presidência, uma pessoa generosa e com responsabilidade de um presidente. Entre o poder e a influência, me identifico mais com a influência... Se fosse assim, seria um Presidência! ❚❚

MÁRVIO LÚCIO "CARIOCA"
Humorista

❚❚ Em primeiro lugar a impressão que se tem é que um presidente pode mais do que na realidade o cargo lhe permite. Essa falsa impressão de poder quase que ilimitado esbarra exatamente na opinião, no parecer dos poderes constituídos. Então, o primeiro passo de um presidente seria exatamente traçar suas metas, seus objetivos e ter a devida habilidade para conseguir o apoio dos homens que representam o povo e que são os grandes auxiliares na difícil tarefa de governar este país de dimensões continentais.

São esses os ditames do regime democrático que vivemos. Logo, parece fácil, a princípio, ditar regras, mas rapidamente com a incumbência de propor ações, caso fosse o presidente, caímos na mesmice dessas plataformas de governo apresentadas pelos partidos, que em via de regra apresentam soluções e, caso fossem cumpridas, dariam excelentes resultados. O que se vê, porém, é o desgaste dessas propostas ao longo dos mandatos, que acabam sendo deixadas de lado, ou são executadas de forma precipitada ou tornam-se inexequíveis por absoluta falta de apoio. A meu ver, engrossando a enorme legião de pessoas, brasileiros sequiosos de um país melhor e mais justo, poderíamos bater na tecla do que considerarmos as nossas prioridades.

Saúde... É inaceitável ver um irmão, um semelhante morrer às portas de um hospital por falta de socorro. São inaceitáveis a precariedade de clínicas, casas de saúde e mesmo o despreparo de gente ligada à saúde.

Transportes nos grandes centros... Não tenho visto nos veículos de comunicação nenhuma campanha que incentive nos grandes centros o transporte solidário que auxiliaria sobremaneira o tráfego caótico das grandes cidades.

Segurança... Acho que há de se equipar a nossa polícia, dar formação específica e remunerar policiais de forma adequada para que eles tenham condições de sobreviver com dignidade.

Crianças nas ruas... Como é que se pode pensar em um futuro melhor para um país, quando parte de suas crianças mendigam pelas ruas, na ante sala do caminho das drogas e do crime, em vez de frequentar escolas.

Velhice... Há que se redobrar o carinho e atendimento aos idosos desamparados, a fiscalização de casas de apoio a eles, pois, infelizmente, ainda se veem abusos exatamente na fase da vida que mais precisariam de amparo e carinho.

Educação... Ainda são poucos os esforços para melhorar nossa mais que desconfortável e vergonhosa posição dos países que têm maior número de analfabetos. A educação é, sem dúvida, base para o crescimento e o desenvolvimento de uma nação.

Cultura e esporte... É preciso se encontrar formas de podermos dar oportunidade a tantos talentos espalhados pelo Brasil de desenvolver sua potencialidade, que muitas vezes se perde, com a abertura de centros artísticos e culturais, literatura, música, pintura e todas as expressões de arte. O mesmo para os esportes de maneira geral... Não vamos falar só de futebol, mas de outras modalidades que carecem de incentivo do governo e da empresa privada, inclusive mostrando ao investidor que por vezes desconhece as vantagens que poderia obter caso investisse em esporte... ▮▮

JERRY ADRIANI
Cantor

❧ Se eu fosse presidente, proporia a implementação de uma 'Lei do Preço Justo' para os livros brasileiros, baseada na experiência de vários países europeus, notadamente a 'Lei Lang' na França.

Essa lei garante a remuneração justa para toda a 'cadeia produtiva do livro'.

As consequências de uma 'cadeia produtiva' forte e saudável observadas na experiência francesa são, principalmente, uma maior diversidade de publicações, de livrarias e a diminuição do preço de venda ao consumidor/leitor. ❧

RUI CAMPOS
Dono da Livraria da Travessa

▮▮ 1) Instituiria o Dia dos Professores em feriado nacional. Os palácios seriam abertos para os professores e alunos, que seriam condecorados pela distinção do seu trabalho em todo o país. Eles seriam homenageados nas escolas em solenidades públicas. Os professores seriam proclamados os grandes heróis da pátria.

2) Estabeleceria a disciplina "Conheça a Constituição do seu país". Todos sairiam das escolas sabendo quais são seus direitos e deveres que estão assegurados na constituição, e que o Estado está a serviço do povo e não vice-versa.

3) Substituiria o produto interno bruto, o PIB, por outro indicador: a felicidade interna bruta, FIB. Bem-estar, segurança, amizade e educação cidadã seriam medidos para avaliar se as pessoas vivem ou não felizes. Bens materiais, consumismo desenfreado, especulação, devastação da natureza não seriam mais os fatores mais relevantes da sociedade.

4) Instituiria o Dia do Diálogo para que todos os membros do governo pudessem dialogar com a sociedade e reconhecessem publicamente quando errassem e os cidadãos seriam incentivados a fiscalizar todos os que participam do Estado.

5) Incentivaria pessoalmente para que todos participassem de uma ação cidadã nacional: o domingo da cata-

ção do lixo, o domingo da limpeza das estradas, o domingo para o cuidado dos animais e o domingo da meditação aberta para todos os que quisessem celebrar a paz nas praças e estádios. **"**

HERÓDOTO BARBEIRO
Jornalista

❚❚ Se eu fosse presidente, minha primeira preocupação seria elevar o nível do debate político e a participação cidadã no país. Enviaria para o Congresso Nacional uma proposta de reforma política que, entre outras coisas, valorizasse o cumprimento dos programas dos partidos e dos compromissos das coligações nas campanhas eleitorais.

Nas escolas, desde o ensino fundamental, seria disciplina obrigatória a simulação de processos eleitorais, com campanhas focadas nas propostas e programas de ação que teriam que ser postos em prática pelos alunos.

Desta forma, já na infância, os estudantes aprenderiam, na prática, a saudável convivência da democracia representativa com a democracia participativa. Novos líderes, formados no debate e não no clientelismo, poderiam surgir desse exercício permanente.

Para evitar manipulações, elevar o nível dos debates e, consequentemente, fazer com que promessas sejam cumpridas, o sistema político brasileiro precisa diminuir o papel das disputas fundadas apenas no 'denuncismo' e na figura pessoal do candidato e aumentar o gosto dos cidadãos pelo debate e participação nos programas e projetos de governo. ❚❚

MARCO AURÉLIO CARVALHO
Jornalista, Radialista e Professor

❚❚ Jamais pensei em ser presidente do Brasil, mas, se um dia o fosse, mesmo sabendo ser difícil — devido a uma cultura consolidada que coloca o Brasil à margem do desenvolvimento mundial —, procuraria transformar o Governo de um obstáculo ao progresso e ao desenvolvimento, num aliado ao processo de construção de um país tão grande, econômica e culturalmente, quanto sua área geográfica. Somente com algumas ações, colocando o Governo Federal como um catalisador do sucesso de cada cidadão, transformando os 'nãos' que recebemos todos os dias, em apoio para conseguir chegar aos 'sims'! Transformar os servidores públicos em 'servidores do público'. Em poucas palavras, no lugar de tentar comandar o processo de desenvolvimento, no qual nosso Governo nunca conseguiu ter êxito, passar a ser um catalisador das ações do apoio necessário para que os brasileiros sejam os atores principais do progresso do país, respeitando o 'ORDEM E PROGRESSO' ostentado pela nossa Bandeira Nacional. ❚❚

OZIRES SILVA
Engenheiro aeronáutico

Sidney Rezende

❚❚ Ah, se eu fosse presidente... Entro em meu gabinete, onde meus seis ministros estariam me esperando. O primeiro a falar, o da Economia, me diria que a inflação está zerada, com perigo de termos uma deflação. O crescimento do PIB é igual ao da China, devendo brevemente ser ultrapassado e que as exportações apresentam um superávit recorde. O ministro do Trabalho, meio preocupado, me diz que a taxa de desemprego está em 0,001%, o da Saúde me coloca dados de que leitos em hospitais e atendimentos médicos estão à espera de pacientes. Nosso ministro dos Transportes abre os mapas rodoviários, ferroviários, portuários já construídos e todos em perfeito funcionamento, em outra pasta me mostra que nas redes de transporte urbano nos igualamos a Nova York... O ministro da Educação me afirma, através de estatísticas com precisas informações enviadas pelos nossos governadores, que não existem mais crianças fora da escola e que estamos entre os três países... quando batem nas minhas costas e uma voz me diz: Acorde professor, senão você vai atrasar sua aula... ❚❚

NELSON LEIRNER
Artista plástico

❚❚ Se eu fosse presidente, mandava, antes de assumir, meus melhores cérebros para uma peregrinação pela Escandinávia.

Ali se agrupam sociedades que, ao reunir virtudes do capitalismo e do socialismo num só pacote, são uma quase utopia num mundo tão injusto e tão desigual.

Depois, pediria que eles apresentassem aos brasileiros os resultados de sua visita. Como funcionam a educação na Finlândia, a saúde na Dinamarca, o sistema penitenciário na Noruega, o fisco na Suécia.

Isto, e apenas isto, já seria o começo de uma revolução no Brasil. ❚❚

PAULO NOGUEIRA

Jornalista

8

A desigualdade social não foi esquecida na nossa pesquisa informal. A diferença entre ricos e pobres no Brasil é o que mais impressiona quem nos conhece pela primeira vez.

❚❚ Se eu fosse presidente, faria do poder uma forma privilegiada de serviço, como propõe Jesus no cap. 22 de Lucas. E me empenharia para que, afinal, haja reformas de estruturas no Brasil: agrária, tributária, política etc. Não acredito que o Brasil tenha futuro sem mudar essa estrutura arcaica, contaminada por resquícios da ditadura militar, que promove a desigualdade social.

Basta dizer que 1% dos mais ricos tem renda equivalente a dos 10% mais pobres. A diferença entre o andar de cima e o de baixo é de 87 vezes!

Se eu fosse presidente, trataria o povo como autoridade e exigiria que a mim restasse apenas o título de servidor público. Priorizaria a educação, em especial a básica, como alicerce de nosso futuro melhor. E procuraria tornar a nossa democracia, meramente delegativa, em participativa, sintonizando a democracia política com a democracia econômica, de modo a assegurar que todos venham a ter "vida e vida em abundância" (João 10, 10). ❚❚

FREI BETTO
Religioso e Escritor

❚❚ Os governos federal, estaduais e municipais investiriam ainda mais em programas sociais. Cada brasileiro, maior de 18 anos, receberia do governo um salário mensal (a ser fixado) por ter nascido no Brasil. Ampliaria os gastos com educação, saúde, segurança pública e defesa nacional. Além da poupança para garantir o futuro, distribuiria parcela da riqueza que o país vai usufruir com a exploração do petróleo do pré-sal. Adotaria linha dura contra a criminalidade e a violência da polícia. Cobraria do Poder Judiciário o fim da complacência com a corrupção e a celeridade em seus julgamentos, sobretudo quando envolver os interesses dos mais ricos.

Acabaria com o voto obrigatório, implantaria o voto distrital e proibiria que os partidos recebessem recursos públicos. Cada parlamentar teria o direito, compulsório e irrenunciável, de determinar a aplicação (sem qualquer vinculação externa) de um percentual 'x' do orçamento da União. Promoveria uma campanha internacional para que os países europeus indenizassem as populações da África, das Américas e da Ásia. A exploração e a espoliação dos habitantes desses continentes construíram a riqueza e o bem-estar social daquele continente, cujos líderes agora se consideram professores de Deus. ❚❚

ILMAR FRANCO
Jornalista

❚❚ Adotaria a meritocracia como nossa medida de valores, e não a divisão de pessoas por quantidade de dinheiro ou classes sociais! Traria a verba básica para os cidadãos desfavorecidos, interessados em oportunidades, garantindo condições para que as tivessem, e pudessem lutar por elas com o mesmo preparo e a mesma vontade de vencer. Neste patamar não haveria diferenças de base então.

Honraria nossos idosos, e o seu suor na construção do Brasil que usufruímos hoje, criando condições dignas para que suas vidas não se limitem à sobrevivência triste e pobre de atenção, saúde, gratidão e reconhecimento.

Acredito que, assim, a base para uma educação de maior eficiência e valor estaria estabelecida. Que os estudos seriam melhor aproveitados, e a violência diminuiria por princípios, e não só por repressão policial. ❚❚

ZIZI POSSI
Cantora

9

O que dizer aos céticos?

❚❚ Na verdade, sou um niilista por natureza, ou seja, sei o que não quero e o que me incomoda, no entanto, ignoro que caminhos seguir coletivamente. Aliás, politicamente, não sou servidor público e muito menos uma pessoa engajada na política partidária do país. Não vou chegar ao cúmulo de dizer que pouco me interesso por ela. Pelo contrário. Muito me interesso por ela, mas não sou eu quem deveria pensar por alguém delegado por mim a um cargo público. Cuido do meu e ao que me cabe fazer pessoalmente e como ser humano.

O problema é que os modelos eleitoral, político e administrativo do país não ajudam a uma escolha sensata ou racional. Uma escolha coerente com a visão que tenho sobre a coisa pública. Hoje vota-se em um 'consórcio de investidores' e não no candidato. São esses investidores que viabilizam as candidaturas que vão decidir as questões fundamentais, tais como economia, saúde, educação e emprego, por exemplo, de acordo com suas necessidades e conveniências.

O quadro político é apenas o volante do carro, que dá a direção, sim, do veículo, mas que é guiado por um condutor. Qualquer um que se candidate a cargo político, por melhor intenção que tenha tido um dia, é e será absorvido pela máquina, pela engrenagem com a qual convive. Não existe independência quando se tem alguém patrocinando. Nem de imprensa, nem liberdade de expressão, nem artística ou qualquer outra liberdade significativa quando se tem uma mão obrigatoriamente a ser beijada.

Gerações passarão, décadas idem, talvez séculos se passem até que o modelo atual seja depurado e que soluções coletivas verdadeiramente pensadas e calcadas na melhoria, no conforto e no desenvolvimento social vinguem para uma sociedade mais segura e mais saudável.

Minha impressão é pesarosa, já que centenas de pessoas foram torturadas e até mortas para que hoje tivéssemos a oportunidade de nos manifestar livremente e votar. Porém, racionalmente falando, o sistema atual é falido e não mostra possibilidade de futuro e nem de via alternativa.

JORGE EDUARDO
Jornalista esportivo

10

Ética, princípios, forma de governar.

❚❚ Grandeza nas metas, sem jamais abdicar dos sonhos.

Os grandes líderes, aqueles que jogam um bolão, que compõem músicas divinamente, que embalam multidões com a voz ou que são grandes campeões de votos, têm enormes responsabilidades com seu povo e com o seu país. Mais do que gols, shows e decretos, esperamos que eles nos deem... exemplos.

Se eu fosse presidente da República, reuniria as melhores cabeças pensantes para as grandes decisões, atrairia legítimos representantes das minorias, garantiria a voz regional e daria espaço a quem vem das comunidades, das bases, e conhece as dificuldades das favelas e das palafitas. Cuidaria do macro e do micro. Mas, antes de tudo, cuidaria de dar o exemplo, de preservar os princípios.

Se eu fosse presidente, daria prioridade à economia, que é a segurança do presente e do futuro.

O país tem de crescer, atacar a inflação, controlar as contas externas e ser rigoroso com os gastos públicos. Precisa evoluir muitíssimo na infraestrutura e garantir o ambiente fértil para a indústria, a agricultura, a produção de conhecimento, a competitividade e, muito particularmente, a justiça social.

Se eu fosse presidente, nomearia também os melhores ministros da Educação e da Saúde que este país já teve e mobilizaria universidades, escolas, professores e alunos do setor público e do setor privado para construir o futuro de todos, preocupada, sobretudo, com aqueles privados do próprio presente.

Se eu fosse presidente, preservaria o ar, a terra e a água que, se faltam hoje, serão a grande tragédia de amanhã. Cuidaria da segurança, porque os níveis de violência estão escandalosamente fora de controle. Respeitaria os direitos humanos de todos os cidadãos, inclusive dos que estão, sob custódia do Estado, em casas de horrores como a de Pedrinhas, no Maranhão.

Se eu fosse presidente, não usaria a mão pesada do Executivo para subjugar os outros Poderes, mas usaria de altivez e de ousadia na política externa. Um continente tão desigual quanto o nosso e um mundo que produz aberrações, como o Estado Islâmico, e fecha os olhos à invasão unilateral dos EUA no Iraque certamente precisam da presença e da voz de um país como o Brasil, grande, populoso, pacífico, que está entre as dez maiores economias do mundo.

A omissão é indesculpável.

Mas, se eu fosse presidente, mais do que tudo isso, eu teria uma verdadeira obsessão: dar o exemplo. Seria implacável com a corrupção, nunca compactuaria, e muito menos afagaria, o que há de pior na política brasileira e, por fim, jamais abandonaria os sonhos. Nem os meus, nem os dos brasileiros."

ELIANE CANTANHÊDE

Jornalista

11

Esporte e política são mais próximos

do que se imagina.

❚❚ Se eu fosse presidente mudaria a maneira com que a sociedade enxerga o esporte nas escolas. O Brasil não é só futebol! Por isso, aumentar a nossa cultura esportiva apoiando os estudantes, desde as primeiras fases da vida, é um caminho a ser seguido. Educação e esporte precisam andar juntos. Os Estados Unidos, por exemplo, fazem muito bem esse papel, ou seja, dando oportunidade para os mais novos conciliarem o colégio e a prática de uma modalidade. É normal ver mais de 200 atletas em uma competição disputando uma única prova na natação. Ídolos como Michael Phelps e Kobe Bryant surgiram dessa maneira. Os colégios por lá têm ginásios e raramente ficam abandonados, pois os pais incentivam a prática esportiva desde cedo.

O Brasil tem profissionais capacitados para fazer com que novos campeões saiam das piscinas, quadras, tatames e campos, mas o investimento na base é muito escasso.

Quem tem 'paitrocínio' consegue ir um pouco mais além, mas, às vezes, falta fôlego para chegar até o alto rendimento.

Por isso, adotaria um programa chamado Atleta do Futuro em todas as cidades. A ação tem o objetivo de ofertar a formação esportiva sem esquecer da preocupação na formação do futuro cidadão. As ações não ficam apenas nas aulas esportivas, mas numa grande programação de atividades aos finais de semana com a participação da família.

Não se forma um atleta do dia para a noite. É preciso planejamento, investimento e educação. Eu, como maior campeão pan-americano da história, medalhista olímpico e mundial, tenho a obrigação de ser exemplo para o próximo. Me sinto honrado por ser espelho para crianças e jovens que praticam todas as modalidades e para os meus fãs da natação.

THIAGO PEREIRA

Nadador e Medalhista Olímpico

❚❚ O que eu faria se fosse presidente da República? Acredito muito no esporte e na educação. Acredito muito nesta ligação. Por quê? Porque, fazendo essa conjugação, você dá um amparo à pessoa para que ela consiga resolver problemas futuros, tanto na questão da segurança, evitando a violência, quanto em questões da vida, como trabalho e outras. Isso tudo por conta da disciplina que o esporte ensina, e não só na parte física, mas na parte de conduta, de como a pessoa segue a sua vida e como, através do esporte, aprende a se relacionar com as outras pessoas. As doutrinas do esporte se relacionam diretamente com a educação e precisam de maior atenção, porque reforçam a importância do respeito, da amizade, da excelência, do trabalho em equipe... O esporte é uma eficaz estratégia para manter a criança e o jovem no ambiente escolar e, com isso, abertos ao conhecimento e à aprendizagem. Então, se eu fosse presidente, daria uma atenção especial a esses dois pontos: esporte e educação. ❚❚

DAIANE DOS SANTOS
Ginasta

ÍNDICE DE PARTICIPANTES

Almir Pazzianotto — 81
Ana Paula Padrão — 120
Ana Rodrigues — 55
Andrezinho — 136
Angelo Leite — 104
Aracy Balabanian — 43
Arlete Salles — 46
Beatriz Barbuy — 37
Bruno Azevedo — 86
Caio Blat — 89
Carlos Augusto Montenegro — 49
Clóvis Monteiro — 48
Cyro Neves — 50
Daiane dos Santos — 174
Dudu Nobre — 74
Edilson Silva — 82
Edimilson Migowski — 129
Edu Guedes — 130
Eduardo Zylberstajn — 110
Eliane Cantanhêde — 167
Fábio Azevedo — 93

Fagner — 19
Felipe Andreoli — 79
Fredric M. Litto — 51
Frei Betto — 152
Gabriel Priolli — 66
Gilberto Dimenstein — 44
Gustavo Cerbasi — 109
Heródoto Barbeiro — 143
Herson Capri — 68
Ilmar Franco — 153
Isadora Faber — 42
Ivan Lins — 62
Jards Macalé — 112
Jerry Adriani — 140
Jorge Eduardo — 161
Lars Grael — 98
Laurindo Lalo Leal Filho — 91
Luiz Antônio Santini — 119
Lygia da Veiga Pereira — 31
Maílson da Nobrega — 72
Marcelo Serrado — 92

Marco Aurélio Carvalho — 144
Marcos Pontes — 35
Marcus Gregório — 70
Maria da Penha — 56
Márvio Lúcio "Carioca" — 137
Maysa Gadelha — 111
Nelson Leirner — 146
Nirlando Beirão — 22
Ozires Silva — 145
Paulo Nogueira — 147
Regina Navarro Lins — 118
Ricardo Boechat — 18
Ricardo Kotscho — 76
Rosa Magalhães — 20
Rui Campos — 141
Selminha Sorriso — 121
Sergio Aguiar — 67
Stevens Rehen — 30
Tania Zagury — 54
Tarcísio Meira — 21
Thalita Rebouças — 45
Thiago Pereira — 173
Veruska Donato — 73
Yvonne Bezerra de Mello — 84
Zizi Possi — 154